CB069754

MAIMÔNIDES

COLEÇÃO
FIGURAS DO SABER

dirigida por
Richard Zrehen

Títulos publicados
1. *Kierkegaard*, de Charles Le Blanc
2. *Nietzsche*, de Richard Beardsworth
3. *Deleuze*, de Alberto Gualandi
4. *Maimônides*, de Gérard Haddad
5. *Espinosa*, de André Scala

MAIMÔNIDES

GÉRARD HADDAD

Tradução
Guilherme João de Freitas Teixeira

Revisão técnica
Tadeu Mazzola Verza

Título original francês: *Maïmonide*
© Societé d'Édition Les Belles Lettres, 1998
© Editora Estação Liberdade, 2003, para esta tradução

Preparação de original e revisão Tulio Kawata
Projeto gráfico Edilberto Fernando Verza
Composição Nobuca Rachi
Assistência editorial Maísa Kawata
Capa Natanael Longo de Oliveira
Editor responsável Angel Bojadsen

CIP-BRASIL – CATALOGAÇÃO NA FONTE
Sindicato Nacional dos Editores de Livros, RJ

H144m

Haddad, Gérard, 1940-
  Maimônides / Gérard Haddad ; tradução Guilherme João de Freitas Teixeira. — São Paulo : Estação Liberdade, 2003. — (Figuras do saber ; 4)

  Tradução de: Maïmonide
  Inclui bibliografia
  ISBN 85-7448-081-9

  1. Maimonides, Moses, 1135-1204. 2. Rabinos – Egito – Biografia. 3. Filosofia judaica. 4. Filosofia medieval. I. Título. II. Série.

03-1964.   CDD 181.06
                                            CDU 1"04/14"

Todos os direitos reservados à
Editora Estação Liberdade Ltda.
Rua Dona Elisa, 116 01155-030 São Paulo-SP
Tel.: (11) 3661-2881 Fax: (11) 3825-4239
editora@estacaoliberdade.com.br
http://www.estacaoliberdade.com.br

Para Jules,
filho das ilhas,
reto como um fuso.

Sumário

Datas mais importantes   11

1. Maimônides, figura do paradoxo   13

2. Sua vida   23

3. A grande controvérsia   39

4. A obra de Maimônides   49

5. Maimônides, a política e a história   107

6. Os comentadores   117

7. Atualidade de Maimônides   137

Bibliografia   141

Datas mais importantes

1135	Nascimento em Córdoba (Andaluzia) de Moisés Ben Maimon, filho de José Ben Maimon, importante dirigente comunitário, *dayan* (juiz) e erudito.
1148	Ano presumido do falecimento da mãe de Moisés Ben Maimon. Conquista da Andaluzia pelos almôadas, oriundos da Mauritânia, que expulsam os almorávidas e desencadeiam a perseguição contra cristãos e judeus.
1150-60	A família Maimon deambula pela Espanha e, provavelmente, também pela Provença (Sul da França). Moisés Maimônides estuda com o pai e começa a fazer anotações do Talmude. Publicação da *Epístola sobre a consolação*, escrita pelo pai e pelo filho. Publicação do *Tratado de lógica*.
1160	Tendo-se convertido, com certeza, ao islamismo, a família Maimon instala-se em Fez, Marrocos, domínio dos almôadas. Moisés Maimônides completa seus estudos sob a orientação do rabino Judá Ha-Cohen Ibn Shushan, dando continuidade a suas anotações do Talmude; além disso, começa a se interessar pela medicina. Publicação da *Epístola sobre a apostasia*.
1161	A família Maimon embarca para a Palestina, região em que permaneceu por vários meses.

Maimônides aproveita a ocasião para visitar a cidade de Jerusalém – onde reza diante do Muro Ocidental do Templo – e a de Hebron – onde faz suas preces junto ao túmulo dos Patriarcas – antes de se instalar no Egito: em primeiro lugar, Alexandria; em seguida, Cairo. Morte de José Ben Maimon.

1162-71 Maimônides prossegue sua obra, luta contra os caraítas (judeus heréticos) e afirma sua autoridade como juiz.

1172 Saladino reina sobre todo o território do Egito. Publicação da *Carta aos judeus do Iêmen*.

1173 Morte do irmão Davi. Privado de recursos, Maimônides volta-se para o exercício da medicina.

1177 Publicação do *Mishné Torá* [*Segunda Lei* ou *Repetição da Lei*].

1180 Início da "grande controvérsia" contra os *geonim* (dirigentes político-religiosos do povo judeu, na Babilônia).

1185 Publicação do *Guia dos perplexos*.*

1186 Maimônides casa-se com a irmã de Ibn Almali, secretário na corte do vizir (por sua vez, Ibn Almali casa-se com a irmã de Maimônides).

1187 Nascimento de Abraão, filho de Maimônides; este é nomeado médico da corte e recebe uma pensão.

1204 Em 13 de dezembro, Maimônides morre em Fostat (antigo Cairo). Tradução do *Guia dos perplexos*, para o hebraico, feita por Samuel Ibn Tibbon.

---

* Em francês, *Le guide des égarés* [*O guia dos desencaminhados*], título estabelecido pelo editor crítico e tradutor Salomon Munk. No entanto, em português convencionou-se chamar essa obra de *Guia dos perplexos*, seguindo a tradução inglesa, mais próxima do original. (N. T.)

1
Maimônides, figura do paradoxo

À primeira vista, nada existe na personagem de Maimônides que possa excitar a imaginação do homem moderno. Rabino medieval, apaixonado pela fria lógica aristotélica e precursor da Escolástica, a filosofia característica da Idade Média, segundo afirmam os dicionários, que, desde Rabelais, deixou de ter boa reputação e cujo tema principal é a defesa da compatibilidade entre *razão* e *fé*[1], Maimônides redige um volumoso código religioso, que indica com grande meticulosidade as regras dietéticas que devem ser cumpridas pelos judeus piedosos ou as abluções impostas à mulher após a menstruação; além disso, ele é médico, adepto da medicina de Galeno[2], e leva uma existência ascética

---

1. Tendo sofrido considerável influência de Aristóteles, a Escolástica focalizou-se essencialmente nos problemas da linguagem, em especial no que diz respeito ao estatuto dos *universais* – idéias das espécies e dos gêneros que se exprimem por termos gerais ou comuns –, relativamente aos quais, durante muito tempo, foi formulada a questão de saber se eles são realidades distintas das coisas ou se designam apenas abstrações. Para os *realistas*, os universais são a verdadeira realidade, e existem *antes* das coisas; para os *nominalistas*, eles só existem *depois* das coisas; para os *conceitualistas*, eles encontram-se *na* coisa individual.
2. Claudius Galenus, dito *Galeno*, médico grego (Pérgamo, 131 – Roma, 201). Exerceu influência predominante sobre a medicina ocidental até o século XVII, fazendo observações anatômicas que durante longo tempo conservaram muito de sua pertinência. Galeno retomou a fisiologia de Hipócrates baseada na teoria da saúde como resultado de um equilíbrio

de labor e estudo, sem nenhuma paixão feminina conhecida, exibindo um desdém – discreto, embora indubitável – em relação a qualquer prazer sensual, até mesmo o mais inocente, como o de escutar música... religiosa, ou seja, uma aristocrática distância em relação às paixões humanas; em suma, trata-se de uma figura que parece não ser capaz de inspirar, na melhor das hipóteses, senão um respeitoso enfado.

No entanto, desde o século XII até nossos dias, Maimônides tem suscitado um interesse persistente; a ele são dedicados muitos livros e numerosos colóquios freqüentados pela elite dos eruditos oriundos de todas as confissões e especialidades do saber, sem contar o grande número de edições e reedições de traduções de suas obras. Há poucos anos, um romance inspirado em sua biografia obteve um imenso sucesso.[3]

Portanto, de imediato damo-nos conta de uma espécie de paradoxo que espicaça nossa curiosidade. Será que a personagem possuía um duplo aspecto – um declarado e outro secreto –, como pensava Leo Strauss, um dos melhores especialistas da questão?

Quanto mais penetramos na vida e na obra de Maimônides, mais profundo se torna o paradoxo, e coloca em definitivo um fascinante enigma.

Maimônides é considerado o maior dos pensadores judeus, talvez de todos os tempos. Uma grande autoridade rabínica do século XX, o Rav Kook[4] – apesar de ser

---

    entre os quatro humores orgânicos (sangue, bílis, atrabílis e pituíta); por sua vez, a doença decorreria do desequilíbrio entre eles.

3. Herbert Le Porrier, *Le médecin de Cordoue*, Paris, Le Seuil, 1974. [Assinale-se que 1985 foi declarado, pela própria UNESCO, como o "Ano de Maimônides", em comemoração ao 850º aniversário de seu nascimento. (N. T.)]

4. Abraão Isaac Kook (1865-1935), primeiro *grande rabino* asquenaze da Palestina, foi uma das raras autoridades do judaísmo ortodoxo a aderir ao movimento sionista que, em seu entender, marcaria o início da Redenção

adepto do pensamento cabalístico, execrado por Maimônides –, chegou a qualificá-lo, em determinada ocasião, como "o mais belo presente feito pela Providência ao povo judeu". Ainda melhor: ao interpretar um dos últimos versículos do cap. 34 do *Deuteronômio*, a Tradição rabínica afirma que, depois do profeta Moisés, o único membro do povo judeu a alcançar semelhante envergadura foi Moisés Maimônides.

Ora, a maioria dessas autoridades rabínicas, para quem nenhum elogio seria suficientemente expressivo para celebrar a glória desse homem, proíbem, ao mesmo tempo, que seus fiéis estudem uma boa parte da obra de Maimônides, em particular – mas não exclusivamente – seu grande livro de filosofia, o *Guia dos perplexos*. Obras religiosamente tão neutras quanto seus tratados médicos foram consideradas com suspeição por serem inspiradas na medicina greco-latina. Essa hostilidade – reconhecida e ao mesmo tempo denegada – constituía, de fato, o prolongamento da "grande controvérsia" que dilacerou os pensadores judeus da Idade Média, precisamente em torno da obra de Maimônides. Algumas comunidades do Sul da França não levaram tão longe essa má vontade que chegaram a pedir a ajuda da Igreja Católica para que os veneráveis e raros volumes fossem queimados em praça pública? Essas ocorrências evocam, em muitos aspectos, a vida de outro ilustre nativo de Córdoba – apenas cinco anos mais velho – que foi venerado e também perseguido por seus próprios correligionários: referimo-nos a *Ibn Roshd*, ou seja, Averróis, filósofo, médico e jurista árabe que ensinou o Ocidente a ler Aristóteles.

Como filósofo, Maimônides é considerado a maior autoridade rabínica pós-talmúdica; no plano da *halakha*, ou

---

divina; sua doutrina foi consideravelmente influenciada pelo misticismo cabalístico.

legislação rabínica, foi o que se pode chamar um rigorista que sempre rejeitou a mínima atenuação das regras. Entretanto, ao surgir no começo do século XIX o grande movimento inspirado no Iluminismo, a *Haskala* – início da emancipação dos judeus da Europa que deveria dar origem, entre outras iniciativas, aos movimentos judaicos *reformados*, em grande parte caracterizados pelo distanciamento que pretendiam manter relativamente à legislação rabínica –, é a Maimônides que se referem seus iniciadores, em particular Moses Mendelssohn[5], seu inspirador. Para os *iluministas* judeus, Maimônides representava, de fato, o ideal de uma síntese do mais erudito conhecimento do judaísmo com a cultura universal.

Todos os movimentos de renovação do judaísmo do século XX – em particular algumas correntes do sionismo – pautaram sua reflexão pelo pensamento maimonidiano; por exemplo, esse foi o caso do cientista e filósofo judeu Yeshayahou Leibowitz[6], em sua guerra aberta contra uma boa parte do *establishment* político-religioso israelense.

Vejamos outros aspectos do paradoxo. Maimônides manifestou violenta hostilidade contra toda e qualquer forma de pensamento gnóstico e cabalístico.[7] No entanto,

---

5. Moses Mendelssohn (1729-1786), filósofo judeu alemão – amigo de Lessing (a quem serviu de modelo para a personagem de *Nathan, der Weise* [Natã, o Sábio]) –, escreveu as *Brief über die Empfindungen* [*Cartas sobre as sensações*], o tratado *Abhandlung über die Evidenz in metaphysischen Wissenschaften* [*Tratado sobre a evidência em metafísica*] e, sobretudo, *Phädon oder über die Unsterblichkeit der Seele* [*Fédon ou A imortalidade da alma*] que lhe garantiu enorme reputação; igualmente, traduziu o Antigo Testamento em alemão.

6. Yeshayahou Leibowitz (nasceu em Riga, em 1903, tendo falecido em Jerusalém, em 1994), ocupou as cátedras de bioquímica, química e filosofia da Universidade de Jerusalém; é conhecido, também, por ter travado, no final da vida, violento combate contra as distorções nacionalistas do sionismo.

7. A Cabala é um conjunto de doutrinas esotéricas e místicas que se desenvolveram durante toda a Idade Média, nos círculos judaicos.

se dermos crédito a Moshé Idel[8], o progresso espetacular da Cabala na Espanha seria tributário de Maimônides, a partir de um duplo mecanismo: por um lado, os pensadores cabalísticos, cujo ensino era transmitido até então sob forma oral, foram obrigados a colocá-lo por escrito a fim de responderem aos ataques de Maimônides e de seus discípulos; e, por outro, alguns cabalistas – inclusive de grande notoriedade, como Abraão Abulafia[9] – consideraram o *Guia* como uma obra esotérica e submeteram-no a um comentário cabalístico. Não é verdade que o próprio Maimônides defendia que os mais delicados problemas da metafísica nunca deveriam ser expostos ao grande público, mas reservados ao ensino de pequenos grupos de alunos, preparados para compreender as questões debatidas – aliás, procedimento bastante semelhante ao adotado pelas tradições esotéricas?

Além disso, sua teologia *apofática*[10], ou dos atributos negativos de Deus, será retomada por numerosos místicos, em particular cristãos – o mais célebre sendo o místico renano Mestre Eckhart; neste aspecto, a linha divisória entre racionalismo e misticismo, que tem suscitado tanta exegese, parece ter perdido grande parte de sua pertinência.

Acrescentemos que esse pensador, cuja obra dá a impressão de estar delimitada ao particularismo bíblico e talmúdico, é universalmente admirado e respeitado, tanto no mundo muçulmano que, não sem alguma razão, considera-o em certas ocasiões como um dos seus, quanto no mundo cristão, em que Santo Tomás de Aquino se refere, algumas vezes nominalmente – e, com freqüência, implicitamente –, ao Mestre Moisés.

---

8. Moshé Idel, *Maïmonide et la mystique juive*, trad. francesa, Paris, Le Cerf, 1991.
9. Abraão Abulafia (1240-1291?). Cf. cap. 6.
10. Apofático: de *apófase*, refutação feita por nós mesmos àquilo que acabamos de dizer.

Finalmente, sublinhemos que, além de teólogo e filósofo, Maimônides notabilizou-se de tal modo na medicina que, não só o vizir do Cairo, mas também o sultão Saladino, contrataram seus serviços (algumas narrativas mencionam também o tratamento que ele teria prodigalizado a Ricardo Coração de Leão, ferido no decorrer da Terceira Cruzada). Alguns de seus tratados sobre medicina conservam uma certa atualidade: por exemplo, seus escritos *sobre os venenos* ou *a asma*. Foi, igualmente, um apaixonado pela astronomia – aliás, ciência que ele diferenciava cuidadosamente da astrologia. Contrariamente a um grande número de ilustres rabinos que o haviam precedido ou que o seguiriam – como foi o caso de Isaac Abravanel[11] –, considerava a astrologia uma "ciência destituída de sentido", além de perniciosa; por isso, condenava-a inapelavelmente, do mesmo modo que condenava todas as superstições, entre as quais incluía o culto às sepulturas dos santos. De forma novamente paradoxal, seu túmulo tornar-se-ia, posteriormente, alvo dessas peregrinações e das práticas mágicas que ele repudiava. Para cúmulo, subsistem dúvidas em relação ao local exato de seu sepultamento na medida em que há referência a duas possibilidades: tendo falecido no Egito, o antigo Cairo abriga um túmulo atribuído ao sábio; no entanto, segundo outras fontes, seus restos mortais teriam sido transferidos para a Terra Santa, perto do lago de Tiberíades.[12] Daí, conclui-se que um desses túmulos estaria vazio, particularidade que Maimônides compartilha com os fundadores das grandes religiões monoteístas, ou seja, Moisés, Jesus e Mohammad.

Por último, durante sua vida, foi um dos principais dirigentes – tanto no plano espiritual quanto político – do

---

11. Isaac Abravanel (1437-1508). Teólogo e político. Cf. cap. 6.
12. Essa é, por exemplo, a opinião de Abraham Joshua Heschel que, ao relatar a tumultuada transferência do caixão de Fostat para Tiberíades, seguida

povo judeu disseminado ao longo da bacia mediterrânea, até o Iêmen. Essa autoridade, que provém unicamente do prestígio de seus escritos, não diminuiu após sua morte.

Assim, delineia-se progressivamente uma figura grandiosa e ao mesmo tempo humilde, atulhada de trabalho não só para satisfazer suas necessidades pessoais e familiares, mas também para garantir a independência de seu espírito, evitando a submissão a qualquer tipo de *establishment*, a figura atraente de um homem que foi um dos maiores pensadores de todos os tempos.

Incorreria em equívoco, porém, o leitor que pensasse que, para o homem moderno, Maimônides apresenta apenas um interesse histórico, limitado à arqueologia do pensamento (mesmo que reconheçamos com Michel Foucault a importância de tal abordagem), fazendo parte do domínio reservado ao erudito medievalista. Como explicar, então, a posição particular ocupada atualmente por Maimônides e o interesse universal por sua obra que não pode ser desmentido?

A maior contribuição de Maimônides é este "gesto", inaugural para o Ocidente: aproximar de maneira decisiva – embora mantendo as respectivas diferenças – gregos e hebreus. Em seu principal livro, *Guia dos perplexos*, ele procedeu à releitura das passagens essenciais do *Tanakh* – designação utilizada pelos judeus para evitarem o emprego da expressão "Antigo Testamento" –, submetendo-o às exigências do cânone aristotélico, exigindo que a recepção da Revelação – a Tradição –, pelo menos no que diz respeito ao sentido primeiro ou *óbvio* dos versículos em que está consignada, não esteja em contradição com a

---

pelo enterro, conclui sua descrição com a citação das inscrições – em um primeiro momento, elogiosas, e, em seguida, insultuosas – que teriam figurado sobre sua pedra tumular de Tiberíades. Cf. Abraham Joshua Heschel, *Maïmonide, une biographie*, trad. francesa, Paris, Payot, 1936.

Razão.¹³ Ao afirmar que nada escapava a sua jurisdição, ele demonstrou, de forma concreta, a universalidade da Razão. Maimônides encarna uma exigência radical de racionalidade.

O interesse suscitado por Maimônides baseia-se em sua atualidade de *direito*: no Ocidente, a influência da Razão não cessou de se estender de tal modo que natureza, saberes, costumes e outras produções humanas foram sendo submetidos a suas leis, depois que ele relegitimou o princípio diante das Igrejas perturbadas pelo que percebiam como disjunção, necessária e insuperável, entre Revelação e Conhecimento.

O interesse por Maimônides apóia-se, também, em sua atualidade *de fato*, na medida em que sua obra contém problemas e respostas semelhantes aos que encontramos nos dias de hoje – por exemplo, sobre as relações entre a ética e a ciência; ele já teria percebido, antes de Poincaré e da epistemologia contemporânea, a absoluta heterogeneidade entre esses dois saberes.¹⁴

Assim, no decorrer da era moderna – de Newton a Jacques Lacan, passando por Leibniz e Espinosa –, importantes pensadores foram levados, em determinado momento de seu percurso, a se confrontarem com Maimônides, considerado exemplo e fonte de inspiração. Esta situação foi resumida pelo filósofo contemporâneo Leo Strauss da seguinte maneira:

---

13. "Segundo [Maimônides], cada trecho da Escritura pode ter vários sentidos e até mesmo sentidos opostos, e não podemos conhecer o verdadeiro sentido de qualquer trecho a não ser que saibamos que, tal como o interpretamos, ele nada contém que esteja em desacordo ou em contradição com a Razão. Se, tomado em seu sentido literal e *por mais claro que pareça*, algum trecho estiver em contradição com a Razão, convirá interpretá-lo de outra forma." Spinoza, *Traité théologico-politique*, trad. de Ch. Appuhn, Paris, Garnier-Flammarion, 1965, p. 154 – grifo nosso.
14. Consistente tese de Y. Leibowitz, exposta em seu livro *Science et valeurs*, Paris, Desclée de Brouwer, 1997.

> Mesmo que acreditemos que a época atual – aquela em que o homem atingiu o que é, até o presente, o mais elevado grau de autoconsciência – nada tenha, propriamente falando, a aprender com o passado, até mesmo nesse caso acabaremos por nos deparar com a doutrina de Maimônides, desde que comecemos a procurar, com seriedade, ter uma idéia clara sobre o presente a que atribuímos tanta importância.

E, algumas páginas mais adiante, acrescenta:

> No entanto, o Saber de Maimônides não estará ultrapassado, há muito tempo?... Diante [dessa] objeção, ou de outras análogas, não seria possível prosseguir nosso caminho sem pagar-lhe tributo.[15]

Um pensamento tão complexo, cujos labirintos têm sido perscrutados, durante séculos, pelos espíritos mais ilustres, poderia ser reproduzido nesta modesta obra? Evidentemente, esse não é o nosso intuito. Todavia, teremos cumprido nossa tarefa se chegarmos a suscitar na mente do leitor uma curiosidade suficiente que o leve a abordar estudos mais aprofundados (indicados na bibliografia); ou, melhor ainda, e paralelamente, começar a leitura dos escritos do sábio. Em poucas palavras, se este texto conseguir levá-lo a pressentir que, na obra de Maimônides, ele poderá encontrar alimento para sua fome e bússola para sua perplexidade.

---

15. Leo Strauss, *Maïmonide*, trad. francesa, Paris, PUF, 1988, "Introduction".

2
Sua vida

Maimônides é o nome que o Ocidente cristão deu a Rabi Moisés Ben Maimon, conhecido no mundo judaico pelo acrônimo *Rambam* – aliás, procedimento habitual utilizado pela Tradição rabínica para designar seus maiores mestres.

O paradoxo maimonidiano precedentemente evocado reflete, afinal de contas, o paradoxo de uma vida, como foi bem demonstrado por Isadore Twerski[1] – um dos maiores conhecedores de sua obra. Filósofo contemplativo por temperamento e ideologia – atitude que, aparentemente, exige serenidade e solidão –, Maimônides levou, sem tréguas, uma vida hiperativa que o levou, conseguinte e reiteradamente, à beira do esgotamento e da depressão. A extenuante e rotineira atividade de médico, assim como a função de líder de sua comunidade, não o impediram de manifestar um inacreditável vigor criativo e literário. Sua vida foi um mosaico de ansiedades e tribulações, de trabalho obstinado e especulações intelectuais da mais elevada abstração, de labor sem lazer nem conforto.

---

1. Isadore Twerski (1930-1997). Falecido quando escrevíamos este livro, ele representa uma figura muito original do judaísmo ortodoxo hassídico, ao mesmo tempo descendente e herdeiro da dinastia dos Twerskis, rabinos hassídicos originários da Ucrânia, e professor de literatura hebraica e de filosofia em Harvard – instituição universitária em que ele dirigiu o Departamento de Línguas do Oriente Médio.

Maimônides nasceu em 1135, na Andaluzia, em Córdoba, que, na época, era o maior centro de estudos judaicos, além de ser a cidade em que a cultura muçulmana estava mais desenvolvida. Foi o primogênito de José Ben Maimon – importante dirigente comunitário, grande erudito e juiz, além de primeiro mestre do filho, particularmente durante os anos de errância por Marrocos e pela Palestina – e de Rebeca, a respeito da qual apenas se sabe que morreu ainda jovem, deixando três órfãos: Moisés, o mais velho; Davi, a quem Maimônides ficou muito apegado; e uma filha.

Maimônides tinha apenas treze anos quando uma dupla tragédia transtornou sua vida; simultaneamente, perdeu a mãe, cuja enfermidade perdurou por longo tempo, e depois foi obrigado a viver um primeiro exílio. De fato, governada até então pelos tolerantes almorávidas, a Andaluzia foi conquistada pelos almôadas, oriundos da Mauritânia, muçulmanos radicais que ameaçaram de morte os judeus e cristãos residentes na região se eles não se convertessem ao Islã. Um grande número de judeus de Córdoba escolheu o martírio.

O que fez a família Maimon? Neste aspecto, a tradição observa um silêncio constrangido. No entanto, quando alguns anos depois outra comunidade judaica, colocada diante do mesmo dilema, pediu a opinião de Maimônides, que se tornara o guia de sua geração, este deu uma resposta inequívoca que comportava duas vertentes: deve-se aceitar a conversão na medida em que o Islã é realmente um monoteísmo e considerando-se que as mesquitas, "esses objetos de pedra e madeira", não contêm ídolos; mas, desde que esteja garantida a segurança, deve-se também abandonar esses lugares intolerantes e malsãos. A célebre *Epístola sobre a apostasia* é que, dois ou três séculos depois, serviria de referência para os judeus perseguidos pela Inquisição e que se tornaram *marranos*: judeus em segredo, mas, na aparência, muçulmanos ou cristãos. Ora, pouco depois da entrada dos almôadas em Córdoba, a família Maimon abandonou a cidade, colocando, assim, em prática o segundo aspecto abordado nessa *Epístola*. Podemos pensar, como é afirmado tanto por muçulmanos quanto por pesquisadores judeus – entre outros, Geiger[2] –, que esta família se converteu realmente ao islamismo. Será que se pode imaginar um homem tão íntegro quanto Maimônides dando um conselho de tamanha importância sem que o tivesse posto em prática? Outro indício dessa conversão encontra-se no fato de que, depois de ter deambulado por quase dez anos, a família Maimon instalou-se em Fez, capital dos almôadas, ou seja, na boca do lobo. Se realmente essa conversão chegou a acontecer, ela teria ocorrido entre 1150 e 1160. Mas o que significa uma conversão obtida em tais condições, senão o opróbrio do tirano sanguinário?

> É assim que a história tão repleta de matizes dos judeus na Espanha muçulmana, que atingiu raros ápices, tanto no plano do desenvolvimento material, quanto intelectual, conheceu um fim tão abrupto, quão pouco glorioso.[3]

O fim da Era de Ouro do judaísmo na Espanha ocorreu, assim, em duas etapas, ambas trágicas: a primeira

---

2. Abraham Geiger (1810-1874), um dos fundadores do judaísmo *reformado* alemão. Brilhante erudito, ao lado de Graetz*, foi um dos pioneiros da *Wissenschaft des Judentum* (periódico para o estudo científico da teologia judaica).

* Heinrich Graetz (1817-1891), professor de história judaica no Seminário Rabínico e na Universidade de Breslau, publicou *História dos judeus* (11 volumes, 1853-1875). Cf. *Pequeno Dicionário Enciclopédico Koogan Larousse*, Rio de Janeiro, Larousse do Brasil, 1987. (N. T.)

3. Isadore Twerski, *Introduction to a Maimonides reader*, Nova York, 1972, retomado in *Studies in Jewish Law and Philosophy*, Nova York, Ktav Publishing House, 1982, cap. I: "Maimonides, life and work".

desenrolou-se no século XII, na Andaluzia sob o domínio dos almôadas, obrigando os judeus andaluzes a se refugiarem, em grande número, nos Estados cristãos do Norte da Europa, e também, em uma importante parcela, nos aparentemente mais hospitaleiros países muçulmanos do Magreb e do Egito; a segunda, mais bem conhecida, aconteceu no século XV – desta vez em territórios cristãos – sob a influência da Inquisição. Assim, a teoria segundo a qual os judeus teriam vivido em perfeita harmonia na Andaluzia muçulmana só é válida até o século XII.

Maimônides, contudo, afirmou durante sua vida, e mesmo quando já havia fixado residência no Oriente, seu pertencimento ao Ocidente, à sua Espanha natal – *Sefarade*, conforme se diz em hebraico –, com a seguinte frase de sua *Carta aos judeus do Iêmen*:

> Eu sou um dos mais humildes eruditos da Espanha, cujo prestígio foi rebaixado no exílio.

Durante oito a nove anos, entre 1150 e 1160, a família Maimon vai deambular pela Espanha e, sem dúvida, também pela Provença, região culturalmente ligada à Espanha. Não existem documentos desse período conturbado, no decorrer do qual o jovem foi testemunha de um grande número de horrores; no entanto, sublinharemos alguns fatos notáveis:

1. Posteriormente, quando já estava instalado sob o céu do acolhedor Egito e sob a proteção de Saladino, Maimônides não conservou nenhuma acrimônia contra o Islã pelas terríveis perseguições sofridas na Espanha e em seguida no Marrocos, e manteve intata sua admiração pelos mestres filósofos árabes, o que demonstra perfeitamente a grandeza de sua alma.

2. No decorrer desses anos de errância e aflições, na maior precariedade e desconforto, é que Maimônides lançou

os alicerces de sua prodigiosa erudição, assimilando não só a totalidade da literatura talmúdica e rabínica, mas também a filosofia grega, a astronomia, etc. Foi nessas condições que começou a redigir suas primeiras obras, as quais logo atingem tal maturidade que não passam por nenhuma correção quando, mais tarde, são mencionadas por seu autor; tratam-se, essencialmente, do *Tratado acerca do calendário* e do *Tratado de lógica*, brilhante resumo da lógica aristotélica.

Foi também durante esse período que o jovem Maimônides começou a fazer anotações do Talmude.

Estas informações são fornecidas pelo próprio mestre que, no final de seu *Comentário da Mishná*, relata de forma sucinta as condições em que ocorreu sua formação.

Foi igualmente no decorrer desse período trágico que o pai – com a ajuda do filho – escreveu uma *Epístola* para as comunidades perseguidas, chamada "Epístola da consolação", convocando os judeus a evitarem o desespero, que era suficiente orar, mesmo brevemente, e realizar boas obras para permanecer judeu[4]; esse texto, cujo papel histórico foi importante, anunciava a já mencionada *Epístola sobre a apostasia*.

É evidente que podemos nos questionar como, em tais circunstâncias, o jovem Maimônides conseguiu não só acumular seu imenso saber, que abrange quase tudo o que um espírito do século XII poderia aprender, mas também redigir notáveis textos que atravessaram os séculos e ainda hoje suscitam nossa admiração.

Em 1160, a família Maimon instalou-se em Fez, cidade em que, segundo consta, em decorrência de seu envelhecimento, o chefe almôada tinha se tornado mais tolerante. Veremos o caráter ilusório de tal tolerância; nesse momento,

---

4. A prática das "obras" é, precisamente, o que estabelece a separação entre judeus e cristãos, segundo o apóstolo Paulo. É a fé – e não as obras – que justifica o patriarca Abraão... Cf. *Epístola aos Romanos*, 4,1-4.

Maimônides tinha 25 anos e já havia redigido as duas obras referidas anteriormente.

Em Fez, vivia um grande erudito, Rabi Judá Ha-Cohen Ibn Shushan, sob a autoridade do qual Maimônides completou sua formação rabínica e prosseguiu suas anotações do Talmude; foi também nessa cidade que ele iniciou a aprendizagem da medicina.

No entanto, ocorreu uma nova tragédia: seu mestre Ibn Shushan foi preso e intimado a abjurar o judaísmo; certamente alguém descobrira que ele praticava secretamente sua fé. Desta vez, o velho homem escolheu o martírio.

A família Maimon fugiu então de Fez e embarcou para a Palestina; a travessia foi bem tormentosa e pouco faltou para que o navio naufragasse. O dia do desembarque na cidade de Acre foi considerado pela família, e igualmente por seus descendentes, como dia de graças.

Na época, a Palestina encontrava-se dilacerada pelas Cruzadas. Momentaneamente, o Reino Latino de Jerusalém ainda mantinha uma certa supremacia; por sua vez, a situação dos judeus era miserável. Segundo parece, a viagem para a Terra Santa foi concebida, em princípio, como uma peregrinação, sem ter por objetivo a fixação de residência nesse território. Assim, durante cinco meses a família Maimon visitou a região; Maimônides dirigiu-se a Jerusalém, onde fez suas preces diante do Muro Ocidental do Templo (impropriamente chamado *Muro das Lamentações*), e em seguida na cidade de Hebron, junto ao túmulo dos Patriarcas. Finalmente, a família instalou-se no Egito.

Maimônides escolheu, em primeiro lugar, Alexandria, sem dúvida por causa da Academia de Aristóteles que se encontrava nessa cidade e para a qual os estudantes afluíam do mundo inteiro para aprofundarem seus conhecimentos filosóficos. No entanto, passado pouco tempo, mudou-se – uma vez mais – para se fixar em Fostat ou antigo Cairo.

No decorrer desse período aconteceu a morte do pai, sem que se saiba com precisão se isso ocorreu durante a estada na Terra Santa ou depois da chegada ao Egito; inclinamo-nos preferencialmente para a primeira hipótese, já que seria pouco provável que Maimônides infligisse ao pai, já moribundo, uma extenuante mudança.

Vários fatores teriam contribuído para a escolha do Cairo como local de residência. De fato, a cidade era um importante centro do mundo árabe, onde vivia uma expressiva comunidade judaica que estava sob a influência da seita dos caraítas: limitando-se, propositalmente, a conhecer a *Lei Escrita*, eles recusavam a tradição oral, além do judaísmo talmúdico e rabínico. Ao se instalar no Cairo, Maimônides iria combater essa doutrina e logo haveria de impor sua autoridade.

Os testemunhos sobre os primeiros anos de sua estada no Cairo são divergentes: segundo alguns, Maimônides teria passado oito anos sem preocupações materiais, na medida em que sua subsistência seria garantida pelo irmão Davi, negociante de pedras preciosas.[5] Em compensação, segundo Isadore Twerski, esse período teria sido bastante difícil[6]: Maimônides ainda estava de luto pela morte do pai e, durante muito tempo, teve problemas de saúde; ademais, foi obrigado a enfrentar a hostilidade de alguns círculos, tanto judaicos quanto muçulmanos. A hostilidade dos judeus não provinha apenas dos caraítas; aliás, a seu respeito, Maimônides observava uma atitude muito mais tolerante e humana do que aquela adotada, em geral, pelos outros círculos rabínicos. Para ele, tratava-se realmente de judeus com os quais era necessário manter relações sociais normais, a despeito de suas "errâncias" doutrinais. Foi alvo, sobretudo, da hostilidade dos círculos rabínicos de Bagdá,

---

5. *Encyclopedia Judaïca*, verbete "Maïmonide".
6. Isadore Twerski, op. cit.

os *geonim* ou exilarcas, herdeiros das prestigiosas universidades talmúdicas do final da Antiguidade. Os exilarcas eram considerados os dirigentes espirituais do povo judeu disperso e sua função tinha também uma dimensão política e econômica; no entanto, a instituição estava desacreditada e o cargo tornara-se hereditário, de modo que as qualidades intelectuais dos últimos *geonim* deixaram de corresponder às condições exigidas para seu exercício. Sem tardar, duras críticas foram desferidas contra essa instituição por Maimônides antes de entrar em conflito direto com o exilarca em atividade, que ele considerava um "retardado", mais interessado no dinheiro do que em sua função espiritual. Como Maimônides acabou levando a melhor nessa disputa, podemos pensar que ele foi o promotor da extinção dessa instituição esclerosada. Daí em diante, o mundo judeu deixará de ter um centro de referência.

O que parece confirmado é que, tendo enriquecido com o comércio de pedras preciosas, seu irmão Davi era o sustentáculo de toda a família Maimon. Ora, subitamente, em 1173, ocorreu uma catástrofe que marcaria uma nova virada na existência de Maimônides: Davi pereceu em um naufrágio no Oceano Índico, levando consigo não só todos os bens da família que haviam sido investidos nessa viagem, mas também a fortuna de um grande número de pessoas que lhe haviam confiado seu patrimônio.

Esse desastre levou Maimônides a mergulhar em profunda melancolia que deixaria marcas até o fim de sua vida. Em uma carta escrita anos depois do naufrágio, ele ainda se expressava nestes termos desesperados:

> Conheci no Egito numerosas e grandes desgraças; fui atingido pela doença e pela perda da fortuna. Além disso, alguns delatores conspiraram contra minha vida. No entanto, o golpe mais terrível, o golpe que me causou

mais sofrimento do que tudo o que eu já havia vivenciado, foi a morte do homem mais perfeito e mais justo, que naufragou enquanto navegava no Oceano Índico.

Depois de ter recebido essa má notícia, permaneci durante quase um ano doente, estirado na cama, lutando contra a febre e o desespero. Passaram-se oito anos e continuo em luto porque não é possível encontrar consolo para tal infortúnio. O que poderia me consolar? Ele cresceu no meu colo, foi meu irmão, meu aluno. Empenhou-se na atividade comercial e ganhava dinheiro a fim de que eu pudesse ficar em casa e prosseguir meus estudos. Ele era erudito no Talmude e na Bíblia, além de ser um brilhante gramático. Minha única alegria era vê-lo. No presente, minha alegria transformou-se em trevas; ele foi-se para sua eterna morada e deixou-me prostrado em uma terra estrangeira. Sempre que encontro algum texto escrito por ele ou um de seus livros, meu coração dispara a ponto de desfalecer e meu desgosto vem à tona. *"Descerei no túmulo para levar o luto de meu filho."* Se eu não estivesse empenhado no estudo da Torá, minha delícia, e se o estudo da sabedoria não me desviasse de meu desgosto, eu já teria sucumbido à minha aflição.

Ele se consolou um pouco da perda do irmão jovem – que era também de certo modo *seu filho* e, sobretudo, *seu aluno* – ao transferir sua afeição para um discípulo que achava particularmente dotado, José Ibn Sham'un, a quem enviou os capítulos de seu *Guia dos perplexos* à medida que os escrevia, tendo acabado por lhe dedicar essa obra.

A conseqüência concreta da morte de Davi é que Maimônides – daí em diante privado de recursos financeiros – ficou sendo o único esteio de toda a família Maimon. De fato, Maimônides recusou a proposta apresentada pela comunidade, que pretendia assumir o compromisso de satisfazer-lhe suas necessidades, remunerando sua função de mestre e juiz. Esse ato de grandeza moral, em perfeita concordância com o personagem e seu total desinteresse, explica-se tanto por razões de princípio quanto de ordem política.

Já no Talmude é possível encontrar duas concepções diametralmente opostas sobre essa matéria. Segundo alguns mestres, é proibido retirar sua subsistência do ensino da Torá, e um rabino digno desse nome tem o dever de praticar um ofício, de preferência manual, quase sempre humilde: sapateiro, carvoeiro, etc. Pelo contrário, para uma minoria de mestres, o rabino deveria consagrar-se inteiramente ao estudo e ao ensino, deixando à comunidade o encargo de atender a suas necessidades. Com a maior firmeza, Maimônides defendia a primeira corrente, majoritária no Talmude; ele tinha ciência de que a outra corrente poderia incorrer em graves abusos, aliás, que ele constatava no comportamento dos exilarcas de Bagdá. Atualmente, nos círculos considerados, por conveniência, "ultra-ortodoxos", a segunda corrente é predominante, através da instituição chamada "Colel".

Além disso, ser remunerado como rabino e juiz significava ser mantido pelo exilarca, que controlava as nomeações e remunerações. Maimônides fazia questão de conservar sua total liberdade, mesmo a um preço exorbitante. Apesar de ocupar uma boa parte do dia em sua função de mestre e juiz da comunidade do Cairo, ele recusava-se a receber qualquer compensação; e, em alguns escritos, condenou com todo o vigor os rabinos e funcionários religiosos que viviam à custa do dinheiro dos fiéis. Nesse aspecto, seu combate foi inútil, como é possível constatar ainda hoje, por toda parte.

Como, portanto, Maimônides conseguiu resolver seu problema material? Simplesmente exercendo a medicina, disciplina pela qual sentia uma antiga inclinação. Não havia ele iniciado seu estudo durante sua estada em Fez?

O fenômeno é caracteristicamente surpreendente. Esse homem, considerado unanimemente como o maior teólogo judeu de todos os tempos e um dos maiores pensadores da história da filosofia, astrônomo em suas horas livres, sem negligenciar suas precedentes atividades tornou-se em alguns anos um célebre médico, herdeiro direto de Hipócrates e de Galeno. O gênio médico de Maimônides não é uma lenda, já que ainda estão à nossa disposição seus escritos nessa área – por exemplo, o *Tratado sobre os venenos* ou o *Tratado sobre a asma* –, os quais conservam, em alguns aspectos, uma surpreendente atualidade.[7] Graças a sua excepcional inteligência, a sua erudição e, sem dúvida, sobretudo a um maravilhoso senso clínico, Maimônides foi impondo sua reputação de médico a tal ponto que esta chegou ao conhecimento do vizir de Saladino, al-Fadhil, governador do Egito, que o nomeou médico da Corte.

Pouco depois, e sem que lhe tenha sido conferido qualquer título, Maimônides tornou-se o guia incontestável da comunidade de Fostat, designado pela enfática expressão "único mestre e prodígio da geração".

Como é que esse homem – alvo, até então, da hostilidade não só dos caraítas, mas também de numerosos judeus que haviam permanecido fiéis à autoridade religiosa do exilarca de Bagdá – foi reconhecido, de repente, como a autoridade suprema dos judeus do Cairo até sua morte? Essa brusca transformação levanta um problema ao qual I. Twerski fornece um interessante esclarecimento.

A carreira de Maimônides reflete, segundo o autor citado, um relevante aspecto da experiência intelectual e política dos judeus da Espanha e, de maneira mais geral, daqueles que viveram no mundo islâmico. Todo aquele

---

7. O autor destas linhas, também médico, abordou o *Tratado sobre a asma* em um estudo publicado in *Champ Psychosomatique*, nº 6, junho de 1996, La Pensée Sauvage.

que é admitido na Corte torna-se, desde logo, o guia de sua comunidade porque traz-lhe sua proteção e favorece seu desenvolvimento cultural. Essa tradição começou no século X com Hasdai Ibn Shaprut, também médico da Corte, diplomata e tradutor de textos científicos; ele foi o pai da brilhante cultura judaica que, tendo começado em Córdoba, estendeu-se por toda a Espanha. O mais eminente representante dessa linhagem de homens foi, no século seguinte, Samuel Ha-Naguid, grande autoridade rabínica, além de bom poeta, designado pelo rei como vizir e comandante-chefe de suas forças armadas, e que se tornou o dirigente incontestável da comunidade judaica. De certa maneira, Maimônides seria o prolongamento desse modelo de dirigente que, no mundo cristão, encontra sua vertente na figura do "judeu da Corte".

Em várias ocasiões, Maimônides teve de exercer essa função protetora em relação a sua comunidade – em particular para atenuar a sorte dos judeus do Iêmen.

Tendo travado amizade com Ibn Almali, secretário do vizir e igualmente judeu, Maimônides casou-se, em segundas núpcias, com a irmã dele. Sua primeira esposa havia morrido ainda jovem, pouco tempo depois de sua chegada ao Egito, sem lhe ter dado filhos, e durante muitos anos Maimônides viveu sozinho, sem companheira. (Por sua vez, Ibn Almali acabou casando-se com a irmã de Maimônides.) Em 1187, essa segunda esposa deu-lhe seu único filho, Abraão, que, por sua vez, tornou-se mais tarde o dirigente da comunidade judaica do Egito.

Tendo nascido tardiamente – o pai já contava com 52 anos –, esse filho foi objeto de todos os cuidados paternos. Apesar de ter apenas dezessete anos quando, em 1204, o pai faleceu, Abraão Ben Moisés Ben Maimon já havia adquirido uma enorme soma de conhecimentos na companhia dele; inclusive, em seus escritos – entre os quais um comentário da Bíblia –, cita profusamente os ensinamentos recebidos oralmente do pai. Por ocasião da *Controvérsia*, desempenhou o papel de zeloso defensor da interpretação ortodoxa da obra paterna.

Como estamos lembrados, Maimônides já havia sido aluno do próprio pai; assim, vemos desenhar-se uma espécie de filiação de aristocratas intelectuais que se prolongou por várias gerações depois de Maimônides, e cuja história ainda está para ser escrita.

Seu prestígio estendeu-se para além do Oriente, alcançando particular relevo no Sul da França, onde vivia uma importante e brilhante comunidade judaica que, desde a invasão da Andaluzia pelos almôadas, recebeu o reforço de notáveis intelectuais. O mais eminente foi, sem dúvida, Judá Ibn Tibbon, apelidado "pai dos tradutores", fundador de uma prestigiosa dinastia de eruditos conhecida sob o nome de tibônidas; seu filho Samuel foi o notável tradutor das obras de Maimônides, seu contemporâneo.

Um dos maiores méritos dos tibônidas foi a tradução do árabe para o hebraico das obras filosóficas que, na época, circulavam na Espanha: além dos escritos de Maimônides e dos mestres judeus que o haviam precedido, tais como Bahia Ibn Paquda ou Salomão Ibn Gabirol (essas traduções são atribuídas a Judá Ibn Tibbon), os tratados de grandes mestres muçulmanos como al-Farabi e Averróis. Essa tradução para o hebraico, língua conhecida pelos eruditos cristãos, permitiu, posteriormente, uma nova tradução para o latim. Dessa forma, os tibônidas desempenharam um relevante papel na passagem, do mundo muçulmano para o mundo cristão, da filosofia aristotélica estudada por árabes e judeus. Observemos que, sem a tradução para o hebraico, algumas obras de Averróis – que, por sua vez, já haviam sofrido a censura almôada – não teriam chegado até nossos dias; se bem que, o que às vezes é considerada a "versão original" não é, na realidade, senão a retradução para o árabe, feita em geral no século XIX, do texto hebraico.

Judá Ibn Tibbon havia conseguido suscitar o entusiasmo do Rabi Meshullam – dirigente dos judeus "provençais" – pela "nova corrente" do judaísmo, ou seja, pelo ensino paralelo das disciplinas rabínicas e filosóficas. A "Provença" – isto é, no caso concreto, o Languedoc – tornou-se, sob seu impulso e de seu filho Samuel, um importante foco do pensamento maimonidiano.

Samuel Ibn Tibbon dedicou-se, em particular, à tradução para o hebraico da obra de Maimônides que, excetuando o *Mishné Torá* e outros raros escritos, havia sido redigida em árabe, língua que ele escrevia com caracteres hebraicos. (Curiosamente, Maimônides havia proibido que seus textos fossem transcritos em caracteres árabes; assim, a primeira edição do *Guia dos perplexos* com esses caracteres só foi publicada, na Turquia, no final do século XX.)

Uma historieta permitirá entender melhor a vida de Maimônides. Ao concluir, sob o título de *Moreh ha-Nevukhim*, a tradução hebraica do *Dalalat al-Ha'rin* de Maimônides – portanto, o *Guia dos perplexos* –, Samuel Ibn Tibbon manifestou o desejo de falar com seu mestre para discutir alguns pontos delicados de seu trabalho; como residia no Languedoc, ele estava prevendo empreender a perigosa viagem por mar até o Egito. Estamos em 1199, cinco anos antes da morte de Maimônides: este escreveu então para seu discípulo uma surpreendente carta que constitui o testemunho mais preciso sobre o que era a vida concreta e material do homem habitualmente idealizado como um príncipe do pensamento – *a águia da sinagoga* – que estivesse assistindo de longe à agitação do mundo, absorvido apenas na meditação filosófica e religiosa:

> Para não cair, devo apoiar-me, às vezes, nas paredes ou, então, deitar-me, porque já estou bastante idoso e fraco. Quanto à tua vinda, só posso te dizer que ela me encantaria porque sinto uma sincera vontade de estar contigo,

e a idéia de te encontrar suscita em mim uma alegria maior do que possas imaginar. Todavia, tenho o dever de te recomendar que evites fazer tal travessia, correndo risco de vida, porque não tirarás nenhum proveito de tua visita. Não esperes, de modo algum, ter a possibilidade de falar comigo sobre algum assunto, seja ele qual for, nem sequer durante uma hora... porque o emprego do meu tempo está organizado desta forma:

Moro em Fostat e o sultão reside no Cairo; entre essas localidades, há uma distância de quatro léguas. Meu serviço na Corte do sultão é bastante penoso: devo visitar o sultão todas as manhãs, bem cedo; se ele – ou um dos filhos ou uma das mulheres do harém – estiver doente, tenho de permanecer o dia todo no Cairo. Também ocorre, freqüentemente, que um dos oficiais da Corte fique doente, o que exige minha presença a seu lado. Assim, regularmente, estou no Cairo a partir do despontar do dia e só retorno a Fostat no início da tarde, desde que não ocorra algo de particular. Nunca consigo voltar antes do meio-dia. Neste caso, estou quase morto de fome e, ao chegar em casa, encontro todas as salas lotadas de gente, não judeus e judeus, notáveis e pessoas do povo, juízes e querelantes, amigos e inimigos, uma multidão heteróclita que está esperando por meu retorno.

Depois de apear da montaria e de lavar as mãos, peço a permissão a meus consulentes para tomar uma ligeira refeição, a única do dia. Em seguida, examino meus consulentes, redijo as prescrições e as dietas que lhes recomendo. O vai-e-vem prolonga-se até tarde da noite, às vezes, posso jurar sobre a Torá, até duas horas da madrugada ou ainda mais tarde. A fadiga obriga-me a deitar e sinto-me extenuado a ponto de não conseguir falar. Por conseguinte, nenhum judeu pode ter uma entrevista particular comigo, senão no dia do sabá. Nesse dia, após a oração da manhã, a comunidade, ou pelo menos a maior parte de seus integrantes, vem à minha casa e dou-lhes instruções sobre o que devem fazer durante a semana. Estudamos um pouco, juntos, até o meio-dia; em seguida, eles partem. Alguns voltam depois da oração da tarde; de novo, estudamos até a oração da noite. É assim que passo o meu dia... Conforme a descrição que te fiz, meu emprego do tempo é bastante sobrecarregado.

Com tantas ocupações, como Maimônides conseguiu redigir sua obra, não só monumental e multiforme, mas de uma grande perfeição formal? Sem dúvida, ela já estaria praticamente terminada quando escreveu esta carta; nessa ocasião, sua notoriedade era cada vez maior. Todavia, estamos diante de um enigma que duplica o dos anos de formação, quando o adolescente Maimônides, ao fugir das perseguições, assim mesmo acumulou seu prodigioso saber.

Cinco anos depois dessa missiva, no dia 13 de dezembro de 1204, esgotado por tanto labor, Maimônides morreu. Sua morte suscitou excepcionais manifestações de luto, inclusive fora do mundo judeu. Em Fostat, a cidade que o havia acolhido, foi proclamado luto durante três dias; em Jerusalém, foi observado um dia de jejum público, com leituras bíblicas, em particular a de um trecho de Samuel (1Sm 4,22) que termina com este versículo: *"Foi banida a glória de Israel, pois a arca de Deus foi capturada."*

Como já tivemos ocasião de mencionar, seus restos mortais teriam sido transferidos, segundo alguns, para Tiberíades; segundo outras fontes, seu verdadeiro túmulo encontra-se realmente no antigo Cairo. Lembremos que Maimônides havia proscrito o culto dos túmulos dos santos; assim, somos levados a imaginar que ele próprio teria tramado este enigma para desestimular um eventual culto – que ele considerava como de essência pagã – a sua sepultura. Não é que tal enigma se identifica com o estilo do autor do *Guia*?

3

A grande controvérsia

A morte habitualmente apazigua as polêmicas suscitadas por um pensador; progressivamente, este acaba tomando seu lugar na história do pensamento – lugar que é submetido a reavaliações periódicas. Isso não aconteceu com Maimônides, cuja "biografia" parece prolongar-se para além de seu desaparecimento, sob a forma do que a tradição judaica designa por "a grande controvérsia" (ou, a *Controvérsia*). Como já dissemos no capítulo 1, a obra maimonidiana – considerada pelos rabinos como a mais importante depois do Talmude – tornou-se objeto do mais violento conflito interno que o mundo judaico conheceu depois das querelas talmúdicas entre Hilel e Chamai[1]; aliás,

---

1. "Hilel e Chamai [os dois maiores mestres do judaísmo farisaico, protagonistas de lendárias disputas] viveram e ensinaram no tempo do rei Herodes (século I), em uma Judéia ocupada pelos romanos desde o ano 63 a.C. (conquista de Jerusalém por Pompeu) [...] Cada um criou sua própria escola [...] uma [Chamai], severa e inclinada a considerar tudo como impuro; enquanto a outra [Hilel] era mais conciliadora e inspirada pela indulgência [...] As divergências e as oposições entre as duas escolas não cessaram de avivar-se e, às vezes, assumiram formas bastante agudas. Na medida em que possamos nos exprimir desta forma, elas duraram 'oficialmente' uma centena de anos e só chegaram a seu termo no dia em que, em Yabneh [lugar em que, por iniciativa de R. Yohanan Ben Zakai, os sábios se refugiaram após a destruição do templo de Jerusalém, no ano 70], foi decidido que a regra estabelecida, a *Halakha*, deveria ser conforme à concepção da escola de Hilel. Oficialmente? [...] *Limitando-nos*

as repercussões desse conflito são visíveis ainda hoje no mundo judeu. Maimônides representa incontestavelmente a cortina de fogo que estabelece uma separação entre a fé autêntica, ponderada, esclarecida e tolerante, por um lado, e, por outro, a intransigência apaixonada, mãe do fanatismo.

A *Controvérsia* conheceu, na Idade Média, três grandes períodos.

1. Conflito com a autoridade

O primeiro período situa-se no Oriente, ainda durante a vida do mestre, por volta de 1180. Na origem – mais política do que religiosa – da *Controvérsia* encontra-se o conflito que opôs Maimônides, que se tornara líder carismático, aos dirigentes tradicionais do judaísmo – os *geonim* ou exilarcas de Bagdá – que se consideravam os descendentes da dinastia de Davi. Maimônides admitia formalmente essa autoridade, mas, intelectual e afetivamente, rejeitava com veemência suas pretensões; ele criticava essas pessoas "que, por sua própria iniciativa, fixam as somas de dinheiro que pedem aos indivíduos e às comunidades. Assim, de forma abusiva, levam o povo a pensar que é conveniente e obrigatório ajudar financeiramente aqueles que estudam a Torá... Tudo isso é falso. Não existe uma só palavra, nem na Torá, nem nos comentários dos sábios do Talmude, que leve a pensar desse modo. Nestes últimos, não existe nenhuma demanda de dinheiro ao povo, nem alusão a coletas destinadas às academias talmúdicas".

Ficamos impressionados pela audácia deste texto, publicado no comentário do tratado *Pirkei Avot* [*Ética dos*

---

aos princípios, na realidade, o conflito ainda subsiste atualmente." David Malki, *Le Talmud et ses Maîtres*, Paris, Albin Michel, 1972, p. 47-8 – grifo nosso.

pais], quando se sabe que, ainda hoje, no judaísmo dito "ortodoxo", o sistema dos *colels* só consegue sobreviver com "demandas de dinheiro e coletas" junto aos fiéis. Em seu tempo, ele provocou a cólera do *gaon* de Bagdá, Samuel Ben Ali, personalidade autoritária e presunçosa: a posição maimonidiana equivalia a sabotar as bases de seu poder.

Em sua correspondência, Maimônides é ainda mais violento em relação ao *gaon* e a seu genro, Zacarias, considerados corruptos:

> Por que, meu filho, ficarias surpreendido que um homem que, desde a infância, é considerado pela multidão sem rival, com a idade, as altas funções e a ascendência aristocrática... tudo isso combinado deveria produzir execráveis conseqüências... Por que ficarias surpreendido que ele manifeste aspectos tão ruins? Como é que, meu filho, seria possível imaginar que ele possa ter suficiente amor pela verdade a ponto de reconhecer sua fraqueza?... [Zacarias] é um homem realmente tolo... Ele pensa que é o maior de sua geração e que já atingiu o cume da perfeição... Por que deveria preocupar-me com esse idoso que é realmente miserável, ignorante em todos os aspectos? Em minha opinião, ele é como um bebê que acaba de nascer...

Esses ataques não tardaram a provocar a réplica de Bagdá que, de início, assumiu a forma de uma severa crítica contra o *Mishné Torá*, por causa de seu ordenamento sistemático do tipo grego e por ter suprimido a superabundância das discussões talmúdicas; nesta criatividade de Maimônides haveria uma atitude presunçosa que se identificaria com os ataques desferidos contra as instituições estabelecidas. Essa crítica levou à rejeição do *Mishné Torá* como código válido para todo o povo judeu; aliás, tal projeto foi retomado, alguns séculos mais tarde, por

R. Joseph Caro.[2] No entanto, o *Mishné Torá* continua sendo a referência incontornável do direito rabínico.

Maimônides também foi criticado, e veementemente, por não ter manifestado, com suficiente clareza, sua adesão ao dogma judaico da ressurreição dos mortos, precisamente a dos corpos, tendo-se contentado em abordar a ressurreição das almas. Os ataques foram tão virulentos que Maimônides viu-se obrigado a redigir um texto, sob a forma de comentário ao capítulo *Heleq* do tratado talmúdico *Sanhedrin*[3]: de forma bastante hábil, ele observa que as referências bíblicas a esse assunto são extremamente escassas; além disso, mesmo proclamando sua total adesão a esse dogma, não vê muito bem como poderia comentar e descrever um fenômeno sobrenatural por excelência. No entanto, apesar da elegante defesa, a "suspeita" persistirá.

2. Conflitos com as doutrinas tradicionais

A segunda e a terceira etapas da *Controvérsia* aconteceram, dessa vez, na Europa.

Tendo chegado ao continente pela Espanha e pela Provença, a obra de Maimônides difundiu-se em um clima social e cultural totalmente diferente daquele em que foi concebida. Nesse meio tempo, tendências esotéricas e místicas tinham-se desenvolvido em um ambiente conturbado pelas terríveis perseguições que, por ocasião das Cruzadas, se abateram sobre o judaísmo europeu. De fato, esses trágicos eventos receberam uma interpretação escatológica: tais desgraças seriam o anúncio da vinda do Messias...

A Cabala, gnose judaica, passou por um rápido desenvolvimento. Tendo sido recebida com entusiasmo por

---

2. Joseph Ben Ephraim Caro (1488-1575), autor do *Shulkhane Arukh* [*A mesa posta*]; ainda hoje, esse código é adotado pelo mundo judaico ortodoxo.
3. In *Épitres*, trad. francesa Jean de Hulster, Paris, Verdier, 1983.

alguns, a grandiosa tentativa de síntese maimonidiana dos pensamentos judeu e grego suscitou um verdadeiro horror nos círculos judaicos ortodoxos. Como conciliar o milenar antagonismo entre Jerusalém e Atenas? Como a Revelação poderia inscrever-se no quadro estreito da filosofia?

O conflito violento entre defensores e adversários de Maimônides veio à tona por volta de 1230-1232 na Provença. Os opositores de Maimônides buscaram apoio junto aos rabinos do Norte da França, que não tinham sido "contaminados" pela filosofia de Aristóteles; de imediato, estes pronunciaram um *herem*, ou seja, a excomunhão da obra filosófica maimonidiana e até mesmo de algumas partes de sua obra rabínica. No entanto, o adversário mais eficaz de Maimônides, nesse combate, foi um outro célebre rabino espanhol do século XIII, Nachmânides[4], que defendia uma concepção da exegese bíblica e dos princípios fundamentais do judaísmo inspirada pela Cabala e, portanto, radicalmente oposta ao procedimento maimonidiano. Advertido, porém, da situação real e do estado de espírito das comunidades judaicas da Provença e Espanha – sem falar das que se encontravam nos países do Islã –, ele teve receio, acertadamente, de que a brutalidade dessas condenações precipitasse o judaísmo em um cisma; portanto, fez apelo a certa moderação, ao mesmo tempo que desenvolvia uma doutrina profundamente antimaimonidiana. Essa estratégia acabou revelando-se adequada: rapidamente, as concepções de Nachmânides tornaram-se predominantes

---

4. Moshé Ben Nachman (1194-1270), dito *Ramban*, talmudista reputado, conhecido por ter participado – no período mais virulento da campanha empreendida pelos dominicanos com o objetivo de levar os judeus ao batismo – da *disputa de Barcelona* (1263) contra Pablo Christiani, judeu convertido ao catolicismo, que pretendia poder demonstrar, com o apoio do *Tanakh* e do Talmude, que o Messias já tinha vindo, há muito tempo, na pessoa de Jesus. Cf. Simon Doubnov, *Précis d'histoire juive*, trad. francesa I. Pougatz, Paris, Cahiers Juifs, 1936, p. 179.

no judaísmo – e, ainda em nossos dias, continuam a dominá-lo. Voltaremos ao assunto.

Nem por isso houve apaziguamento do conflito. De ambos os lados, com a maior facilidade, eram lançadas excomunhões mútuas; foram perpetrados alguns atos graves, como a profanação do suposto túmulo de Maimônides em Tiberíades. Em 1232, os antimaimonidianos denunciaram aos dominicanos a obra do Mestre de Córdoba, e ela acabou sendo queimada em praça pública.

Onde teria ocorrido esse auto-de-fé: em Montpellier ou em Marselha? A memória judaica preferiu não esclarecer este aspecto sobremaneira vergonhoso de sua história.

A *Controvérsia* não demorou a atingir as comunidades do Oriente. Abraão, filho de Maimônides, assumiu a liderança dos defensores da doutrina do pai, desenvolvendo uma argumentação bastante sutil. No fundo, dizia ele, a grande diferença que opõe os judeus do Norte da França aos do Sul, da Espanha e do Oriente, reflete apenas a influência cultural sofrida por cada um desses grupos de comunidades: os primeiros vivem entre os cristãos, cujo monoteísmo antropomórfico está fortemente infiltrado de paganismo; por sua vez, os outros encontram-se entre os muçulmanos, cujo monoteísmo é irrepreensível. Em outras palavras, os opositores de Maimônides têm concepções maculadas pela idolatria, na medida em que esta havia encontrado nas doutrinas cabalísticas um meio privilegiado de expressão. O judaísmo maimonidiano é o único judaísmo autêntico, o verdadeiro herdeiro do ensino da *Mishná*, pela qual, durante toda a sua vida, Maimônides manifestara um interesse particular.

Em 1240, ocorreu a *grande disputa de Paris* (esse debate público entre padres e rabinos teve por escopo definir se o Talmude contém ou não trechos anticristãos), que foi seguida pelo *auto-de-fé*, em praça pública, de um grande número de manuscritos do Talmude.

> Nessa nova desgraça, o povo [judeu] vivenciou o castigo de Deus em razão da vil denúncia que havia conduzido à destruição das obras de Maimônides por mãos não judaicas.⁵

Em todo caso, ele havia aberto uma caixa de Pandora que deveria ser fechada urgentemente.

A *Controvérsia* acalmou-se durante um longo período, mas como se se tratasse de um fogo que resistia debaixo das cinzas.

Ela eclodiu, de novo, no início do século XIV.

> O grande rabino de Barcelona, Salomão Ben Abraão Adereth (conhecido por Rachba)[...] pronuncia, em 1306, o *herem*, ou seja, a excomunhão contra os jovens com idade inferior a 25 anos que, fora da Torá e do Talmude, estudarem as ciências naturais e liberais, além de lerem obras filosóficas [gregas] ou interpretarem a Torá segundo o espírito filosófico [de maneira demasiado alegórica, ou seja, excluindo o sentido óbvio do texto]. Somente a medicina poderia ser estudada com o objetivo de exercê-la como profissão.⁶

Essa condenação suscitou a réplica dos judeus da Provença e do grande erudito Menachem Ben Salomão Meiri. Esta terceira fase da *Controvérsia* prolongou-se até meados do século XIV; em seguida, deu a impressão de ter esmorecido com o decorrer do tempo. Nem por isso cessou a tensão entre maimonidianos e antimaimonidianos na Espanha, Itália ou na Lituânia.

Na verdade, a *Controvérsia* constitui, provavelmente, a verdadeira e profunda fratura que divide o judaísmo até nossos dias. Ela estabelece a oposição entre aqueles para

---

5. Simon Doubnov, op. cit., p. 181.
6. Id., ibid., p. 182.

quem o judaísmo representa a irrupção do racionalismo em um mundo dominado pelo pensamento mágico (o "desencantamento do mundo", para retomar a pertinente definição do judaísmo forjada por Max Weber) e deve estar em permanente diálogo com todos os saberes que lhe são exteriores, por um lado, e, por outro, aqueles que consideram que a Torá deve ser o objeto exclusivo de estudo e de saber dos judeus piedosos, porque ela contém todos os segredos do universo...

O primeiro campo apóia-se no Talmude e na obra de Maimônides, enquanto o segundo encontra na Cabala – que, segundo a tese defendida por Moshe Idel[7], conheceria seu maior desenvolvimento precisamente ao reagir às concepções maimonidianas – o alimento predominante de sua reflexão.

Em definitivo, esse é o eco dissimulado da *Controvérsia* que pode ser percebido nos dilaceramentos internos da história judaica medieval e moderna. Tal separação ressurgiu, por exemplo, com a *Haskala* de Moses Mendelssohn que se definia como um neomaimonidiano; ainda no século XVIII, o rabino hassídico Nachman de Bratslav[8] – conhecido sobretudo pelo caráter místico de seus contos e alegorias – declarava "maldita" qualquer pessoa que possuísse o *Guia dos perplexos*. Mais tarde, a violenta oposição entre ortodoxos e leigos – que, evidentemente, possui múltiplas causas – mergulhou profundas raízes na *Controvérsia*; assim, os judeus "leigos" eram, de certa maneira – e muitas vezes sem o saberem –, herdeiros de Maimônides, enquanto os "ultra-ortodoxos", chamados *haredim*, com suas doutrinas dominadas pela Cabala, prolongavam a

---

7. Moshe Idel, autor de *Maïmonide et la mystique juive*, op. cit., é atualmente professor de mística judaica na Universidade de Jerusalém.
8. Nachman Ben Sim'ha de Bratslav (1772-1810), bisneto do *Baal Shem Tov* (Israel Ben Eliezer, 1700-1760), fundador do hassidismo.

corrente antimaimonidiana, voltada para o estudo exclusivo da literatura rabínica.

De fato, os maimonidianos perderam o grande combate ideológico que foi a *Controvérsia*. Independentemente do prestígio paradoxal de Maimônides nos círculos ortodoxos, as idéias que acabaram prevalecendo foram precisamente aquelas contra as quais ele combateu com todas as suas forças: vitória da Cabala, colocação do *Guia dos perplexos* no índex, rejeição de qualquer esforço de síntese entre judaísmo e cultura universal, transmissão da autoridade religiosa por cooptação no âmago de grupos fechados, culto dos túmulos dos rabinos, magia, superstições... Seria extensa a lista com todos os defeitos do judaísmo "ortodoxo" condenados por Maimônides que, atualmente, constituem o essencial da relação com a santidade da "ortodoxia". Com toda a firmeza, ele se opusera a que o exercício da função rabínica fosse retribuído: neste caso, os rabinos deveriam exercer uma profissão para garantir sua renda. Esta posição foi igualmente rejeitada e, particularmente em certas correntes do hassidismo, verificou-se a constituição de verdadeiras cortes que viviam luxuosamente às custas dos "donativos" dos fiéis.

Raros foram os círculos de judeus ortodoxos que conseguiram manter a linha maimonidiana: esse foi o caso do judaísmo de Frankfurt, agrupado em torno de Samson Raphael Hirsch e de seu discípulo Breuer, ou da neo-ortodoxia americana de Joseph Soloveitchik. Em Israel, a bela figura de Yeshayahou Leibowitz, eterna criança prodígio do sionismo religioso, deu um brilho excepcional ao ensinamento de Maimônides: fio condutor de seu pensamento e de sua obra, além de inspirador de seu combate, especialmente corajoso e muitas vezes incompreendido, por uma solução pacífica para o conflito israelense-palestino.

Observaremos que os maimonidianos têm adotado, em geral, uma posição crítica em relação às instituições existentes e a seus privilégios, assim como uma ampla abertura à cultura dos outros povos. Desse modo, além do retrato de seu mestre S. R. Hirsch, o rabino Breuer de Frankfurt havia colocado em destaque, em seu escritório, a fotografia de Emmanuel Kant; por sua vez, o grande rabino Soloveitchik defendeu uma tese de filosofia sobre Kierkegaard. Ora, semelhantes atitudes seriam dificilmente concebíveis para os adeptos dos *yeshivot* ou escolas talmúdicas...

Não somente os antimaimonidianos triunfaram no judaísmo, como também conseguiram impor, por uma espécie de perversa astúcia, a idéia de que o maimonidianismo representava a linha oficial, racionalista, rígida, senão esclerosada, do judaísmo, enquanto o pensamento cabalístico seria a "tradição oculta", recalcada, para não dizer perseguida, desse mesmo judaísmo.

Nesta armadilha deixou-se enredar um grande número de eminentes pensadores judeus (é o caso de Hannah Arendt, a quem tomamos de empréstimo a expressão "tradição oculta") e não judeus que ignoram a realidade – ou têm apenas uma vaga idéia, supostamente romântica – das lutas teológicas que se desenrolam no judaísmo. Na verdade, se existe uma "tradição oculta", recalcada e realmente perseguida, é exatamente a de Maimônides; alguns estudiosos mais experientes – por exemplo, Leo Strauss – não se deixaram enganar e empreenderam a tarefa de devolver a verdadeira face aos fatos. Árdua tarefa.

Seja como for, Maimônides não cessa de suscitar o interesse dos melhores espíritos. Um eventual *aggiornamento* (bastante improvável) do judaísmo implicará, inevitavelmente, um "retorno a Maimônides", do qual não se poderá escapar a pretexto de que seu pensamento é reservado às elites: ele próprio sempre esteve bem perto dos problemas sociais e políticos dos judeus de seu tempo.

4
A obra de Maimônides

Maimônides possuía uma mente enciclopédica, animada por uma curiosidade aparentemente ilimitada, de tal modo que nenhum dos campos do saber de sua época lhe era indiferente; ele chegou mesmo a antecipar o estudo de ciências cujo desenvolvimento só ocorreria mais tarde. Na realidade, sua reflexão estava ocupada por esta grande questão: a significação do *fato* judeu, em suas dimensões teológicas e filosóficas. No entanto, a particularidade do judaísmo consiste em exprimir suas concepções por um *corpus* desenvolvido de ritos; assim, Maimônides foi levado a se interrogar sobre as razões da escolha deste ou daquele rito. Por exemplo, qual seria a razão do rito tão penoso dos sacrifícios ou da proibição, aparentemente absurda, da mistura do leite com a carne?[1] Ele formula a hipótese de que esses ritos, tendo como finalidade a afirmação e expressão da nova fé, haviam sido estabelecidos para marcar a oposição aos ritos pagãos da Antigüidade; ora, em várias oportunidades

---

1. Proibição enunciada desta forma: "Não cozinharás um cabrito no leite de sua mãe", *Deuteronômio* 14,21 (ver, mais adiante, p. 73). Inscrição, na vida concreta, deste *princípio de separação* em vigor desde o *Gênesis* 1,6: não comer o que vem do animal vivo junto com o que vem do animal morto, não misturar as gerações. Para uma análise mais detalhada dos ritos alimentares, permitimo-nos enviar o leitor à nossa obra, *Manger le livre*, Paris, Grasset, 1994.

suas intuições têm sido confirmadas pelas descobertas arqueológicas modernas. Voltaremos ao assunto.

Não se contentando com as fontes judaicas, Maimônides adquiriu e estudou – utilizando, *avant la lettre*, um procedimento de etnologia comparada e que pode ter sido também o anúncio da futura crítica bíblica – algumas obras de autores pagãos, tal como o *Livro dos sabeos*.

A característica primeira dos escritos de Maimônides, em áreas tão diversas quanto a astronomia, a medicina, a lógica, a filosofia e a teologia, é a seguinte: todos eles – até mesmo aqueles que, *a priori*, estão ultrapassados – contêm elementos interessantes; nenhum escrito maimonidiano é medíocre.

Os únicos limites desse grande pensador dizem respeito à arte. Contrariamente a outros autores judeus espanhóis – tais como Judá Halevi ou Salomão Ibn Gabirol –, Maimônides não manifestava nenhum interesse pela poesia, mesmo a litúrgica, e ainda menos pela música. Ele desejava que as partes cantadas e as efusões veiculadas por elas fossem eliminadas dos ofícios religiosos. Sem dúvida, conviria estabelecer um paralelo entre esta "anestesia estética" e o pouco apreço de Maimônides pelas emoções amorosas e sexuais; o que o leva, em alguns textos, a considerar a sexualidade como uma necessidade e não como uma fonte de satisfações. Segundo parece, todas as suas energias psíquicas foram sublimadas em favor do saber e da contemplação meditativa.[2]

---

2. "O *Protréptico* [de Aristóteles]... era essencialmente um elogio da vida contemplativa, à qual ele nos convida. Por isso, o filósofo se associa às tendências místicas do platonismo; com o *Fédon*, professa o desdém pelas coisas terrestres, perecíveis, o menosprezo pela ação, honras, riquezas, e exalta a contemplação dos objetos exatos, imutáveis e belos. A contemplação é a atividade própria do intelecto, o *nous*, que é a única parcela divina e imortal de nossa alma." Joseph Moreau, *Aristote et son école*, Paris, PUF, 1962, p. 21.

Nos próximos capítulos, vamos proceder a uma análise sistemática dos diferentes elementos dessa obra tão variada: teologia, filosofia, ciência, política, medicina. No entanto, começaremos por um aspecto aparentemente secundário que, na prática, revela-se da mais elevada importância para compreender o homem Maimônides: sua abundante correspondência.

1. *Maimônides epistológrafo*

Felizmente, grande parte da correspondência de Maimônides foi conservada. Trata-se de documentos particularmente preciosos para compreender sua personalidade e seu papel no mundo judaico, onde ele é, de certa maneira, o criador de uma verdadeira arte epistolar, e sua correspondência fez época.

Esses textos desenham uma personalidade bem diferente da imagem distante e fria que alguns pretendem atribuir-lhe ou que um sobrevôo superficial de sua obra possa deixar imaginar. Nessas cartas, Maimônides revela-se alguém de grande sensibilidade, às vezes depressivo, totalmente dedicado à sua fé e ao serviço dos outros, na primeira fila dos quais se encontram, certamente, as comunidades judaicas oprimidas; mas sua dedicação – em particular como médico – transbordava amplamente esse quadro.

Essas cartas – apresentadas sucintamente a seguir – têm um estilo bastante pessoal que procura tocar não só o intelecto de seu correspondente, mas também sua sensibilidade. O desenrolar lógico dos argumentos encontra-se sempre condensado na consideração das dificuldades afetivas e existenciais do interlocutor.

Nessa correspondência podemos distinguir três tipos de cartas:

1.1. Cartas públicas ou Epístolas[3]

Elas são dirigidas às comunidades que enfrentavam graves problemas; três tornaram-se célebres:

a) A *Epístola sobre a consolação*, escrita em sua juventude em colaboração com o pai. Ela se dirigia aos judeus forçados a converter-se ao Islã para salvarem a vida, e cuja consciência estava conturbada por essa apostasia. Maimon e o filho tentam compreendê-los e apaziguá-los; em sua opinião, para permanecer um verdadeiro judeu, basta recitar algumas preces, até mesmo resumidas, e efetuar boas ações.

b) A *Epístola sobre a apostasia*, escrita no Marrocos, é um texto de imensa importância; prolonga e desenvolve a carta precedente. Os judeus intimados a se converterem ao Islã ou aceitarem o martírio haviam solicitado o parecer de uma autoridade rabínica que vivia fora da zona de perseguição – sem dúvida na França –, que, sem pestanejar, aconselhara o martírio; eles decidem, então, solicitar a opinião de Maimônides.

Em um magnífico texto, marcado pela elevação de seu pensamento e amplitude de visão, Maimônides criticou com veemência o parecer precedente. Como é possível alguém enviar seus irmãos para o martírio quando ele próprio está fora de perigo? Além disso, já que o Islã é uma religião monoteísta, ninguém deveria ter a mínima hesitação em converter-se para salvar a vida; mas também, tão depressa quanto as condições o permitirem, deveria fugir da região perigosa para procurar refúgio em lugares mais tolerantes e, de novo, praticar sua fé. Eis, sem dúvida, a linha de conduta adotada pela própria família Maimon.

Mais tarde, no século XV, ao sofrerem as perseguições da Inquisição, os judeus da Espanha e de Portugal, reinos

---

3. Cf. a tradução (imperfeita) de Jean de Hulster (Paris, Verdier, 1983).

cristãos, referiram-se a esse texto para elaborar a "ideologia" *marrana*: aceitar na aparência a conversão ao cristianismo e praticar secretamente a fé judaica.

O marranismo desempenhou um papel considerável no final da Idade Média e no início da era moderna, não só na história judaica, mas igualmente na história européia; Cervantes, São João da Cruz, Santa Teresa de Ávila, Espinosa, entre outros, eram descendentes de judeus marranos. A estranha postura subjetiva do marrano encontra sua origem nesse texto maimonidiano.

c) A *Carta aos judeus do Iêmen*. Eis, também, um documento de fundamental importância, redigido por Maimônides aos 37 anos como resposta a uma carta oriunda desse pequeno país da península arábica, onde os judeus estavam sofrendo violentas perseguições. Nesse contexto, apareceu um iluminado que pretendia ser o Messias esperado, conseguindo exercer enorme atração sobre um grande número de judeus desorientados. O autor da carta, ele mesmo perplexo e um tanto atraído por esse aventureiro, pede a opinião de Maimônides, que aproveita o ensejo para definir o que um judeu deve entender pelo termo "messias". Crenças amplamente difundidas, desde a Antigüidade, no mundo judaico (estando, entre outros eventos, na origem do cristianismo e mais tarde do sabatianismo[4]) afirmam que o advento da era messiânica constitui um acontecimento escatológico em que a história humana encontraria sua conclusão definitiva; ele seria acompanhado por fenômenos sobrenaturais, catástrofes de toda a espécie, atingindo a Terra e o cosmo inteiro.

Maimônides ergueu-se contra essas concepções fantasmagóricas; para ele, o messianismo resume-se ao fim da

---

4. Refere-se a Sabatai Tzvi (1626-1676), o mais célebre dos falsos messias da época moderna. Cf. Gershom Scholem, *Sabbataï Tzvi, le messie mystique*, trad. francesa, Paris, Verdier.

opressão sofrida pelo povo judeu que, daí em diante, poderá viver livremente, segundo suas próprias tradições, ou seja, em conformidade com a Torá, na terra de Israel, sendo reconhecido em sua identidade pelas outras nações.

Esse importante acontecimento não será acompanhado por nenhuma perturbação social e, menos ainda, natural; os pobres não ficarão menos pobres e os ricos permanecerão ricos, embora estes sejam convocados a praticar a justiça; os desertos não irão cobrir-se de flores, as montanhas não serão aplainadas, nem os mares irão desaparecer, como afirma certa literatura.

Quanto ao problema concreto levantado por alguns iluminados que, de tempos em tempos, se apresentam como o Messias esperado por Israel, o conselho de Maimônides não deixa lugar a qualquer ambigüidade: deverão ser detidos porque apenas merecem, segundo seu estado, a prisão ou o asilo.

Como fica, então, o que é apresentado geralmente como o mais importante pilar da fé judaica, a saber, a crença no advento do Messias? Ele *virá*, diz-nos Maimônides, mas em um futuro inalcançável como a linha do horizonte; no entanto, se alguém pretender ocupar esse lugar só poderá ser um charlatão ou um doente. Na verdade – e voltaremos ao assunto –, Maimônides atribuía à expectativa messiânica apenas uma posição secundária e, ainda assim, no sentido definido anteriormente. Todavia, a exemplo de sua postura em relação ao tema da ressurreição dos mortos ou ao da conversão forçada e, talvez, também ao da criação *ex nihilo* do universo, ele adotou uma adesão dissimulada a tal crença.

d) A *Epístola sobre a ressurreição dos mortos*. Seus detratores criticavam violentamente a atitude de Maimônides de não aderir ao dogma da ressurreição *corporal* dos mortos e acreditar apenas na eternidade da alma; por isso mesmo, ele incorria, de novo, no grave risco da excomunhão.

Em outro texto, o comentário sobre o capítulo do Talmude *Heleq*, Maimônides já havia respondido a seus acusadores: ele começa por mostrar as escassíssimas referências bíblicas a esse dogma. Alguns textos, tais como a visão do profeta Ezequiel relativa aos ossos ressequidos que recobram vida, são rejeitados na medida em que, segundo a evidência, tratam-se de parábolas da história de Israel depois de sua destruição pelos assírio-babilônios; como apoio do dogma da ressurreição dos corpos resta apenas um obscuro trecho do Livro de Daniel.

Certamente, Maimônides afirma sua adesão a esse dogma, mas trata-se de um fenômeno propriamente extraordinário, inimaginável e impensável. Como seria possível exigir dele longos discursos sobre o que nunca fora visto por nenhum olho humano? Nessa argumentação encontramos ao mesmo tempo a flexibilidade da forma e a evitação de uma posição que poderia acarretar sua exclusão da comunidade e, no fundo, uma grande firmeza em relação a suas próprias opiniões; estas causam impressão por rejeitarem radicalmente todas as superstições em que se comprazia não só a multidão de fiéis, mas também, infelizmente, a maioria das supostas autoridades espirituais.

1.2. As Responsa

Trata-se de uma segunda categoria de cartas: respostas escritas a questões formuladas a respeito de aspectos da legislação rabínica. Existem 464 *Responsa*; como estão relacionadas com a atividade talmudista de Maimônides, serão analisadas na próxima seção.

1.3. As cartas pessoais

É difícil estabelecer o limite entre *responsa* e esta terceira categoria de cartas, composta por sua correspondência pessoal, na medida em que Maimônides era freqüentemente solicitado nesses dois planos.

Essa correspondência é particularmente importante para apreender o pensamento de Maimônides em sua intimidade já que, em certa medida, ela não sofre as pressões e os riscos das tomadas de posição públicas; nesses escritos é possível avaliar a generosidade e a elevação de espírito do homem. Eis alguns exemplos.

Ovadia, um convertido ao judaísmo, estava querendo saber se podia pronunciar também os trechos das orações em que era invocado o "Deus de nossos Pais" já que seus antepassados não eram judeus. Maimônides tranqüilizou-o, afirmando-lhe que não deveria considerar-se inferior a um judeu de nascença; podia recitar, integralmente, suas orações. Maimônides mostrava, assim, que o pertencimento ao judaísmo era, antes de tudo, uma filiação *simbólica* e não de sangue.

Sabe-se o quanto Maimônides sofreu com as perseguições do Islã que provocaram o massacre de tantos amigos e mestres. Ainda assim, afirmava em sua correspondência que o Islã era um monoteísmo puro, apesar do culto da Caaba durante a peregrinação à cidade de Meca; em relação ao cristianismo, pelo contrário, mantinha uma postura muito mais circunspecta.

Sua correspondência revela-nos outro aspecto de seu pensamento: sua relação com os textos esotéricos (cabalísticos) judeus. Interrogado sobre a autenticidade da obra *Shi'ur Komah*[5], ele declarou que se tratava de uma falsificação

---

5. Ou seja, *A medida do corpo*. "Estes escritos [da literatura dita dos *Hekalot*] contêm instruções para quem pretende obter uma visão extática das regiões celestiais da *Merkaba* [literalmente, carruagem; aqui, trono divino]. Eles descrevem a maneira como o homem em êxtase viaja através dos... sete Céus e dos sete Palácios ou Templos, *Hekalot*, pelo quais o místico de *Merkaba* chega diante do Trono de Deus... Tendo subido ao mais alto degrau, diante do Trono, ele é convocado a contemplar a figura mística

fabricada em um ateliê grego, um tratado de idolatria que deveria ser rejeitado.

Infelizmente, ainda não existe uma verdadeira edição crítica dessa correspondência.

2. Maimônides talmudista

Apesar de certas idéias deixarem, às vezes, a impressão de estarem bem próximas da heresia, Maimônides usufrui, no mundo rabínico, de um prestígio inigualável. Essa autoridade apóia-se na impressionante envergadura do pensador e, sobretudo, na circunstância de ser universalmente reconhecido como o maior talmudista de todos os tempos, o maior *halaquista*, ou seja, o melhor especialista do direito rabínico; aliás, a matéria de seu incomparável código, o *Mishné Torá*, foi extraída de seu domínio nesse campo. Maimônides conquistou essa justificada reputação de "maior *halaquista* da história judaica" ao procurar fornecer um estatuto quase científico, axiomático no sentido matemático, ao direito rabínico. Para construir tal código, era necessário – como foi empreendido mais tarde pela ciência e, em geral, como já o fazia a *Mishná*, tão apreciada por Maimônides – apagar o nome de quem havia forjado este ou aquele artigo da legislação.

Com sua constante preocupação em consultar os textos na fonte, a posição de Maimônides em relação ao Talmude é,

---

da divindade no símbolo da '*figura com aparência humana*' que o profeta Ezequiel (1,26) teve a permissão de enxergar no Trono da *Merkaba*. Lá, foi-lhe atribuída a '*medida do corpo*', *Shi'ur Komah*, ou seja, uma representação antropomórfica da divindade, aparecendo como o Homem Primeiro, mas também como o amante do Cântico dos Cânticos... A idade dessa mística... bastante chocante para a consciência dos séculos posteriores... pode ser fixada com certeza: ela data do século II..." Gershom Scholem, *Les origines de la Kabbale*, trad. francesa J. Lœwenson, Paris, Aubier-Montaigne, 1966, p. 29.

em si mesma, original. Existem duas versões do Talmude: uma chamada de Jerusalém (T. J.), e outra de Babilônia (T. B.). Esta segunda versão, em geral, é tomada como referência, enquanto a primeira é considerada um rascunho. No século XI, o T. B. recebeu a monumental anotação do rabino francês Rachi de Troyes[6], sem a qual o acesso ao texto tornar-se-ia particularmente árduo, senão impossível; como Rachi não havia comentado o T. J., este foi negligenciado durante muito tempo por ser considerado ilegível. Ora, é precisamente este T. J. deixado de lado que, em primeiro lugar, despertou o interesse do jovem Maimônides.

Outra originalidade na abordagem do Talmude empreendida por Maimônides encontra-se na privilegiada atenção que reservou à *Mishná*. Na realidade, tanto o T. J., quanto o T. B., compreendem duas partes: a *Mishná*, comum aos dois e muito curta, e a *Gemarra*, que é o comentário bastante amplo. É esta última parte que, essencialmente, constitui o principal objeto dos estudos talmúdicos nos *yeshivot*. No entanto, Maimônides dedicou maior importância à *Mishná*, tendo-lhe consagrado um importantíssimo comentário. De fato, a *Mishná* possuía todas as qualidades suscetíveis de seduzir sua mente: está redigida em um belo hebraico conciso e perfeitamente estruturada em seis grandes partes, cada uma delas subdividida em capítulos totalmente claros, sem digressões inúteis. Ao contrário, a *Gemarra* apresenta-se como um inextricável emaranhamento de extensíssimas discussões, de numerosas digressões e detalhes que, freqüentemente, não têm relação com a questão debatida; todas essas particularidades deveriam, sem dúvida, causar irritação a um espírito apaixonado pelo rigor...

Em todo caso, desde sua adolescência, e até mesmo no desconforto da errância, Maimônides começou a redigir

---

6. *Rabenu* [nosso mestre] Chelomo Itshaki (1040-1105).

um comentário ao Talmude, texto que não foi conservado; a autenticidade de alguns fragmentos publicados tem sido contestada.

2.1. O comentário da Mishná

Trata-se, portanto, da primeira grande obra de exegese talmúdica de Maimônides e foi redigida em árabe. Nesse texto, ele apresenta ao leitor o sentido de cada enunciado mishnaico sem se referir à longa e complexa discussão da *Gemarra*, coloca em evidência a problemática subjacente às questões debatidas e conclui cada comentário com o enunciado da regra adotada. Acontece que Maimônides fornece da *Mishná* uma interpretação diferente daquela dada pelos mestres da *Gemarra*, atitude demasiado audaciosa no contexto da exegese talmúdica. De fato, as interpretações que se encontram no Talmude servem, em princípio, de referência autorizada, estando fora de questão qualquer tentativa de contradizê-las. O papel do comentador deve reduzir-se a explicar as dificuldades do texto, colocar em relevo a pertinência e o alcance de determinado enunciado, além de esclarecer suas aparentes contradições. Ao proceder dessa forma, e desde sua juventude, Maimônides demonstrou seu processo particular de trabalho, ou seja, a articulação entre o profundo respeito pela tradição e a livre reflexão pessoal.

O comentário de cada uma das seis partes da *Mishná* é precedido por uma extensa introdução geral; a mais célebre é a do curto tratado *Pirkei Avot*, conhecida sob o nome de *Oito capítulos*. Esse texto constitui, de fato, um curto tratado de filosofia e de ética em que já é possível descortinar as bases do futuro *Guia dos perplexos*, com um primeiro esboço de harmonização da ética de Aristóteles com o ensinamento rabínico.

Observemos que, durante muito tempo, a tradução para o hebraico desse importante comentário da *Mishná*, redigido originalmente em árabe – língua que passou a ser utilizada somente por poucas comunidades judaicas – deixava muito a desejar; recentemente, um erudito israelense de origem iemenita, Y. Kapah', elaborou uma nova tradução, muito mais aceitável.

2.2. *As* Responsa

Esta forma específica de correspondência rabínica distingue-se da troca habitual de cartas no seguinte aspecto: a resposta que trata de um ponto de direito é destinada a ser difundida publicamente; assim, para quem faz apelo ao testemunho do juiz que as redigiu, as *responsa* passam a ter força de lei.

A qualidade da erudição talmúdica de Maimônides foi logo reconhecida por todas as comunidades judaicas, e os mais eminentes eruditos de seu tempo formulavam-lhe questões sobre aspectos litigiosos da *halakha* – aliás, questionamentos nem sempre marcados pela indulgência.

As 464 *Responsa* constituem uma mina de informações sobre o pensamento profundo de Maimônides e, muitas vezes, identificam-se com as lições que podem ser extraídas de sua correspondência pessoal propriamente dita. Elas dão também uma idéia do papel desempenhado por Maimônides nas comunidades judaicas do Egito e dos países vizinhos.

2.3. O livro dos mandamentos *ou* Sefer ha-mitzvot

Nesse livro, Maimônides propõe uma enumeração dos mandamentos[7] que, segundo a tradição talmúdica,

---

7. Os *mandamentos* acompanham a vida cotidiana do judeu "ortodoxo", desde o nascimento até sua morte, e abrangem todos os domínios da relação consigo, com os outros e com Deus: pureza, comércio, casamento,

elevavam-se a 613, sem apresentar uma justificativa para este número.

> Começarei por dizer que a soma total dos mandamentos que nos foram ordenados por D. e estão incluídos na Torá eleva-se a 613.
> Os mandamentos positivos são 248, à semelhança do número dos membros do corpo humano [?]; por sua vez, os mandamentos negativos chegam a 365, número igual ao dos dias do ano solar. Este número de 613 encontra-se no Talmude, no final do tratado *Makkoth* [rabi Simlai, *Makkoth* 23 b]... A propósito do número dos mandamentos positivos, correspondentes ao número dos membros do corpo humano, nossos mestres acrescentam [Midrache Tanhuma] que tudo se passa como se cada membro do corpo dissesse à pessoa: "cumpre este mandamento comigo"; e, a propósito do número dos mandamentos negativos, correspondentes ao número dos dias do ano solar, eles afirmam que tudo se passa como se cada dia dissesse ao homem: "não cometas nenhuma falta neste dia que é o meu".[8]

Estas poucas linhas retomam duas idéias fundamentais de Maimônides: por um lado, o homem não pode atribuir importância a um conceito – aqui, o de mandamento ou *mitzva* – a não ser com a condição de "encarná-lo" em sua imagem corporal; por outro, a preocupação constante

---

luto, caridade, justiça, trabalho, descanso, etc. Pela observância rigorosa dos mandamentos, o judeu "ortodoxo" dá testemunho de sua fé: não pelo coração, mas por aquilo que está "sob" a Lei. Nesse contexto, sua enumeração e delimitação (conteúdo e condições de aplicação) adquirem uma evidente importância.

8. *Le livre des commandements*, traduzido, anotado e comentado por Anne-Marie Geller, L'Âge d'Homme, 1987, p. 18-9.

em organizar ou "construir" o tempo a partir da posição central do repouso *sabático*.

Maimônides não foi o primeiro a tentar circunscrever essa enumeração; foi precedido por outros rabinos, entre os quais a surpreendente figura de Salomão Ibn Gabirol, que era teólogo, filósofo, médico, além de poeta.[9] Mas Maimônides não apreciava as enumerações anteriores – aliás, assim como era bem reduzida sua estima pela reflexão filosófica dos pensadores judeus que o haviam precedido e que praticamente nunca são citados por ele.

Um século mais tarde, tal postura recebeu as duras críticas de Nachmânides que, conforme já vimos, desempenhou um papel relevante no momento da *Controvérsia*. Em *O livro dos mandamentos*, Maimônides começa por definir os 14 princípios que lhe serviram de orientação nessa enumeração; o algarismo 14 é, aliás, de alguma forma, seu número fetiche já que o *Mishné Torá* também contém 14 livros, o que está na origem do outro nome que Maimônides lhe atribuiu, ou seja, *Yad Hazaqa* (*Mão forte*). De fato, se seguirmos as regras da *Gematria* que assimila letras e algarismos, o algarismo 14 escreve-se *Yad* em hebraico.[10] (De passagem, constatamos que Maimônides não desdenha esse jogo de letras que se encontra no Talmude; contudo, na Cabala, assumirá um aspecto absolutamente enfático.)

---

9. Cf. neste livro, cap. 6, "Salomon Munk".
10. Vejamos com mais rigor: em hebraico, as letras são utilizadas para fornecer uma nota aos algarismos. Assim, "14" escreve-se "yod-daleth" que, portanto, se pode ler "14" ou "mão". A *Gematria apóia-se* nessa particularidade; assim, seus adeptos postulam que, por terem o mesmo valor numérico, as palavras da Torá (segundo a tradição rabínica, ditada *tal qual* por Deus a Moisés) mantêm *necessariamente* relação de significado com os algarismos. Esse método de interpretação permitiu que – a partir de passagens dos textos do cânone consideradas pertinentes – alguns procedessem ao cálculo relativo à vinda do Messias ou ao fim dos tempos...

Em definitivo, neste ponto particular da enumeração dos mandamentos, a opinião de Maimônides acabou prevalecendo.

2.4. O Mishné Torá

Apesar de cada qual apresentar um interesse próprio, o *Comentário da Mishná*, as *Responsa* e *O livro dos mandamentos* constituem apenas a preparação para a obra-mestra, ou seja, o *Mishné Torá* (título que significa *Segunda Lei* ou *Repetição da Lei*).

Maimônides trabalhou nesse texto durante dez anos; na introdução, ele indicou seu objetivo ao escrevê-lo.

> Sofremos as vicissitudes de nossa época; cada um de nós sente o peso dos tempos difíceis. Os mais sábios de nossos Sábios já desapareceram; a compreensão de nossos homens prudentes encontra-se velada. Por conseguinte, apesar do esforço despendido para torná-los claros, os comentários dos *geonim*[11], suas compilações das leis e *Responsa*, são atualmente difíceis de serem compreendidos... Isso diz respeito ao próprio Talmude, sob suas formas chamadas de "Babilônia" ou de "Jerusalém", assim como à *Sifra*, aos *Sifrei* e à *Tossephta*[12]; tudo isso exige, para ser compreendido, uma inteligência bastante ampla, uma alma sábia, além de estudos aprofundados. É então que se pode extrair a maneira correta para determinar o que é proibido e o que é permitido... Nessas bases, eu – Moisés, filho de Maimon, o Sefardita (ou o Espanhol) – estudei, com a ajuda de Deus, todos esses textos com o objetivo de reunir

---

11. Lembremos que os *geonim* – plural de *gaon* –, ou exilarcas, residiam em Bagdá; a crítica de Maimônides é realmente muito pouco disfarçada.
12. Complementos do Talmude.

os resultados desta análise e expô-los em uma linguagem clara. Tudo isso a fim de que a lei oral em seu conjunto possa ser conhecida por todos, deixando de lado as dificuldades ou as diferenças de pontos de vista.

De fato, no Talmude, as questões não são estudadas de forma perfeitamente sistematizada; apesar de ser abordado em vários tratados, determinado problema pode, às vezes, continuar sem solução. Além disso, o Talmude não contém nenhuma parte reflexiva que forneça as bases teóricas dessa legislação.

Maimônides fez um enorme esforço e em grande parte conseguiu seu objetivo de preencher todas essas lacunas; procedeu à classificação, tema por tema, da imensa literatura talmúdica e pós-talmúdica. Cada um dos 14 tratados representa uma categoria distinta da legislação rabínica.

Além disso, Maimônides incluiu – no que aparece, em primeiro lugar, como um Código – importantes desenvolvimentos reflexivos, filosóficos, assim como científicos (segundo a ciência medieval); deste modo, no terceiro tratado, apresentou as bases astronômicas que lhe permitiram fixar o calendário.

O *Mishné Torá* é o único tratado de Maimônides redigido em hebraico. Em uma carta, ele chegou a mencionar o projeto de traduzir para o hebraico suas obras escritas em árabe – ou seja, o *Comentário da Mishná* e o *Guia dos perplexos*; no entanto, certamente faltou-lhe a energia e só nos resta lamentar isto. De fato, o *Mishné Torá* é também um acontecimento na história da língua hebraica. A beleza luminosa da língua bíblica, a maravilhosa clareza da *Mishná*, haviam cedido lugar na literatura hebraica a um hebreu enfático, desleixado; ora, para escrever seu grande código, Maimônides reencontrou a língua hebraica em toda a sua luminosidade, poderíamos mesmo dizer, um hebreu "moderno".

Assim, por sua estrutura, conteúdo e forma, o *Mishné Torá* é um fenômeno sem precedentes na literatura rabínica que acabou marcando a vida judaica durante os séculos, até os dias de hoje. No entanto, pelas suas próprias qualidades, suscitou uma violenta oposição que faz parte das premissas da *Controvérsia*: essa beleza formal, essa disposição lógica, não desviariam os estudantes do estudo do Talmude e de seus comentários tradicionais? Além disso, um eminente erudito, Abraham Ben David de Posquières, criticou a obra por não citar as referências de suas afirmações.

Essa crítica – repetida, em seguida, à saciedade – não parece ter fundamento porque, se Maimônides tivesse citado cada uma de suas fontes, acabaria sobrecarregando consideravelmente seu projeto, que ele desejava conciso e flexível, a fim de evitar ao letrado médio a submersão no emaranhado da legislação rabínica. Ao alijar o peso dos nomes próprios no ensino do *Mishné Torá*, essa postura tinha outra finalidade, a saber, um *aggiornamento* do judaísmo, sua "modernização", que só poderia ser alcançada com a redução das conotações afetivas da Tradição; ora, tal projeto iria contrariar, fatalmente, as forças tradicionalistas.

Por ironia do destino, a obra propiciou um tão grande número de comentários e notas críticas, cuja importância só é igualada pelos trabalhos sobre o Talmude, que suas edições atuais apresentam-se, quase sempre, sob a forma impressionante de catorze grossos volumes *in quarto*; o que, de passagem, retira uma importante parcela do interesse do projeto e, de novo, confina esse código ao círculo restrito dos especialistas.

Ocorre que o *Mishné Torá* permanece, até nossos dias, o maior monumento da jurisprudência rabínica, sendo universalmente reconhecido como tal, até mesmo por quem não compartilha – e, inclusive, combate – as concepções de Maimônides.

3. Maimônides filósofo

Se, no mundo judaico, Maimônides goza de autoridade pela redação do *Mishné Torá* e dos outros escritos de inspiração talmúdica, seu prestígio universal, em particular no mundo cristão, provém de sua bibliografia filosófica, cuja obra-prima é o *Guia dos perplexos*, trabalho marcante da história geral das idéias.

O interesse de Maimônides pela filosofia despertou bastante cedo; ainda adolescente, mergulhou no estudo tanto da obra de Aristóteles traduzida em árabe, quanto dos trabalhos de seus comentadores, especialmente de al-Farabi. (O estudo da filosofia grega era, há vários séculos, uma atividade aprovada e corrente entre a elite do judaísmo espanhol, por oposição às concepções dos rabinos do Norte da França, para quem só era permitido o estudo do Talmude.) Maimônides adquiriu logo um prodigioso controle nessa matéria; assim, aos 23 anos (alguns chegam a falar de dezessete anos), produziu uma maravilhosa pequena obra, o *Maqala fi-Sina'at al-Mantiq* [*Tratado de lógica*], primeiro trabalho de lógica redigido por um autor judeu. Ficamos surpreendidos, uma vez mais, pela precoce maturidade do autor e pela clareza de sua exposição.

Em uma centena de folhas, essa obra constitui uma das melhores introduções à lógica silogística de Aristóteles.

Para Maimônides, a palavra *lógica* tem um triplo sentido: designa, ao mesmo tempo, a faculdade racional do homem, sua expressão interior e seu discurso exterior. O tratado fornece a definição concisa dos 175 termos mais importantes da lógica, da metafísica e da ética utilizados nas discussões da lógica aristotélica; os diferentes conceitos são anunciados no cabeçalho de cada capítulo.

Redigido em árabe, o *Tratado de lógica* foi, em várias ocasiões, traduzido para o hebraico e, em particular, por Samuel Ibn Tibbon – aliás, versão em que, sobretudo, foi lida essa obra, a única puramente filosófica de Maimônides, já que o *Guia* incide tanto sobre a teologia, quanto sobre a filosofia. Abundantemente estudada, ela serviu durante muito tempo – e até a época moderna – de introdução, não só à lógica, mas igualmente à filosofia geral; temos, em particular, um comentário elaborado por Moses Mendelssohn sobre esse tratado. O decréscimo do número de leitores arabófonos implicou o esquecimento e a perda parcial do texto árabe; só recentemente foi encontrado um manuscrito integral da versão original.[13]

Mas, sem qualquer contestação, o *Guia dos perplexos* (*Dalalat al-Ha'rin*) continua sendo a obra-prima de Maimônides. Foi preparado por numerosos esboços preliminares, tais como o *Tratado de lógica*, os *Oito capítulos*, além de alguns extratos do *Mishné Torá*, cuja primeira parte é conhecida sob a denominação de *Livro do conhecimento*. Trata-se da obra da perfeita maturidade e o testamento espiritual de Maimônides.

A apresentação dessa obra-mestra, tão particular pela forma quanto pelo conteúdo, constitui uma tarefa de tal modo difícil que a tentativa de eruditos – particularmente contemporâneos – resultou em exposições marcadas pela divergência.

Por razões didáticas e também para contornar a censura dos círculos rabínicos de seu tempo que mantinham uma certa hostilidade relativamente a suas concepções, Maimônides serviu-se de múltiplos recursos de estilo e construção; com tais procedimentos, impôs a exigência de ser lido nas entrelinhas, o que aumentava o risco de leituras divergentes, em consonância com as concepções ideológicas de cada um.

---

13. Por Efros, em 1966. Atualmente, dispomos de uma excelente versão francesa desse texto (tradução e notas de Rémi Brague, Desclée de Brouwer, col. Midrash, 1996).

Os leitores atentos do *Guia* podem ser divididos, de forma bastante esquemática, em duas categorias:

Em primeiro lugar, aqueles que consideram Maimônides, antes de tudo, um filósofo aristotélico, obrigado a camuflar seu verdadeiro pensamento por trás de uma roupagem religiosa em conformidade com as idéias dominantes no povo judeu de seu tempo.

Haveria, por isso mesmo, uma espécie de profunda divisão em sua obra: um Maimônides oficial e um Maimônides secreto.

Inversamente, encontramos aqueles que defendem que Maimônides foi, antes de tudo, um teólogo, homem de uma fé sublime, que procurou colocar todo o saber de seu tempo a serviço dessa fé e para quem a filosofia era o baluarte crítico que impedia o crente de se desencaminhar na busca de Deus.

Inútil esclarecer que cada uma dessas leituras se escora em um número suficiente de trechos da obra maimonidiana; daí resulta a atribuição a Maimônides – aliás, como a qualquer grande pensador – de uma face enigmática.

Na verdade, essas duas concepções são menos divergentes do que possa parecer. Que Maimônides tenha defendido idéias revolucionárias em relação às crenças religiosas dominantes, inclusive nos dias de hoje, é um fato incontestável e reconhecido por todos; por outro lado, não resta nenhuma dúvida de que, pela utilização de técnicas de escrita enigmática, ele procurou contornar a brutal censura, até mesmo a excomunhão, que pesava sobre suas concepções. (Observemos que seus adversários não se deixaram ludibriar por esses estratagemas, como é testemunhado pela *Controvérsia*.)

De qualquer forma, segundo a opinião de Y. Leibowitz, Maimônides não pode ser considerado um indivíduo dilacerado por uma intensa contradição interna entre sua vocação fundamentalmente contemplativa e a observância estrita dos mandamentos rituais, os *mitzvot*, do judaísmo (a propósito dos quais ele não tolerava nenhum laxismo).

De forma malévola, comentou-se igualmente a função que ele teria conferido aos *mitzvot*. Para alguns, Maimônides atribuir-lhes-ia um papel essencialmente político, o de garantir a coesão da comunidade religiosa; a partir de sua visão do povo – espaço de uma dicotomia entre elite e massas (dicotomia que se encontra em numerosos autores, por exemplo em Freud), em que estas não conseguem ter acesso à contemplação desinteressada –, a prática dos *mitzvot* substituiria a contemplação.

Para outros (Y. Leibowitz), a *mitzva* é, pelo contrário, o ato da fé judaica por excelência, porque a fé sem o acompanhamento de atos concretos que a tornem manifesta não teria nenhum significado.

No entanto, existe uma diferença radical entre a concepção maimonidiana da *mitzva* e a concepção dominante no mundo rabínico. Segundo esta, de fato, o *corpus* dos *mitzvot* ou *halakha* teria origem divina; para Maimônides, pelo contrário, trata-se de preceitos estabelecidos originalmente por Moisés para exprimir a nova fé nas condições históricas da época, imitando, às vezes – e, quase sempre, opondo-se –, às práticas pagãs de seu tempo.

Para estabelecer esse princípio, Maimônides efetuou, como já vimos, um verdadeiro trabalho de etnólogo *avant la lettre*, servindo-se, entre outras fontes, do *Livro dos sabeos*, obra agrícola nabatéia que contém importantes indicações sobre as práticas pagãs na Antigüidade. Sabe-se, por exemplo, que a lei mosaica proíbe o uso de roupas cujo tecido seja uma mistura de linho com lã; ora, entre os nabateus, encontra-se a prescrição inversa, exigindo tal mistura na confecção da indumentária dos sacerdotes. O mesmo se passa com a proibição da mistura do leite com a carne ("não cozinharás o cabrito no leite de sua mãe"). A descoberta da "biblioteca" de Ugarit (Líbano) – cuja população praticava rituais semelhantes aos dos cananeus, mencionados pela Bíblia – permitiu revelar a existência de um rito pagão prestado à deusa-mãe Tanit no qual um cabrito era sacrificado no leite da mãe; o sacrifício efetuava-se na primavera, antes das ceifas, com o objetivo de agradar às divindades femininas desses povos e favorecer a fecundidade da terra.

Sem conhecer esses textos, Maimônides teve a intuição a partir da qual aventou sua hipótese. Quanto aos sacrifícios animais praticados no Templo de Jerusalém, tratava-se, segundo ele, de um compromisso que Moisés teve de aceitar sob a pressão da populaça que pretendia imitar sem restrições as práticas dos outros povos. A conseqüência de tal análise histórica é o abandono definitivo do sangrento rito sacrificial, contrariamente ao desejo de alguns iluminados que ainda pululam nos dias de hoje e sonham com o retorno de tais práticas.

É certo que, contrariamente às crenças populares que, bem depressa, foram ampliadas pelas doutrinas cabalísticas, Maimônides não conferia aos *mitzvot* nenhum poder mágico ou possibilidade de *intervenção sobre a realidade*. À semelhança das peregrinações, o culto dos túmulos dos santos ou a astrologia (contra a qual, em oposição a muitos outros teólogos judeus, nenhuma crítica lhe parecia ser suficientemente contundente), são concepções que têm relação com a superstição mais grosseira, ou seja, a estupidez humana. Para ele, os *mitzvot* representam um conjunto de atos, cuja razão nem sempre é palpável, relacionados entre si por uma coerência lógica do tipo axiomático, nos quais o homem reconhece a divindade de Deus e se coloca a seu serviço. Portanto, não há necessidade de qualquer aditamento. Aliás, ele preconizava uma oração curta, tal como estava codificada no Talmude, sem as numerosas adições impostas pelo uso – em particular, textos poéticos – nem música. Maimônides reprovava as efusões públicas de emoção religiosa.

A intenção principal do *Guia* está, de qualquer forma, enunciada com clareza na bela carta que lhe serve de introdução, dirigida ao discípulo predileto, José Ben Judá Ibn Sham'un, a quem a obra foi dedicada. Trata-se, escreve, de acompanhar o aluno no caminho que leva ao verdadeiro conhecimento de Deus. Ora, essa via está repleta de armadilhas, e o espírito frágil pode ver-se perplexo por causa das falsas crenças mais ou menos idolátricas. Para evitar tais perplexidades, é necessária portanto, uma formação propedêutica que compreenda a lógica, a matemática e a física.

Uma vez completada essa formação, é tempo de abordar a disciplina mais importante, ou seja, a metafísica.

Esse projeto significava concretamente que não há oposição entre a filosofia grega e o ensinamento rabínico (Bíblia, Talmude e seus comentários); pelo contrário, existe apoio mútuo e convergência na busca da verdade, a qual permanece sendo verdade, independentemente de quem a enuncia, mesmo que se trate de um pagão. (Na mesma época, no mundo muçulmano, uma posição bastante semelhante foi defendida por Averróis.)

Baseando-se em tais princípios, Maimônides releu e reinterpretou as grandes noções centrais do judaísmo: a natureza de Deus tal como esta pode ser extraída do ensinamento e do vocabulário bíblico, a questão da criação do mundo, o tema da profecia, o da Providência... Por esta sucinta lista, já é possível avaliar a amplitude do projeto maimonidiano, a respeito do qual limitar-nos-emos a fornecer análises parciais e esquemáticas (por conseguinte, passíveis de crítica).

A tentativa maimonidiana apresenta uma característica constante: a vontade de desembaraçar tais noções de qualquer consideração sobrenatural. Para fornecer um primeiro apanhado de tal procedimento, vejamos o exemplo da menção aos *anjos* na Bíblia. Para Maimônides, sempre que os textos sagrados mencionam a aparição de um anjo, trata-se de uma visão ou de um sonho profético; o anjo não passa de uma produção do imaginário do profeta, do mesmo modo que a percepção de outros fenômenos sobrenaturais, "tais como um terremoto, o trovão ou o relâmpago". No exemplo da narrativa de Abraão, que recebe a visita de três anjos (*Gênesis*, 18,1), tal relato só pode ser um sonho profético do patriarca, não correspondendo a uma realidade concreta. O céu maimonidiano encontra-se, assim, despovoado desses anjos, o que consagra definitivamente a operação de "desencantamento do mundo" que, segundo Max Weber, começou com os mestres do Talmude e, segundo parece, foi prosseguida com particular energia pelo seu descendente mais famoso.

Outro importante eixo do pensamento maimonidiano, como foi notavelmente observado por Y. Leibowitz, consiste em estabelecer a *separação entre fé e razão*.

Na concepção medieval – ainda amplamente difundida nos dias de hoje –, não deve existir contradição entre o saber da ciência e o aparente saber contido no texto bíblico. Essa tendência foi ampliada até o infinito pela Cabala ao proclamar que a Torá, de origem divina, encerra – para quem souber decifrá-los – todos os segredos do Universo. A conseqüência imediata de tal concepção é reprimir e censurar a pesquisa científica; qualquer teoria não conforme à teologia será considerada herética. O exemplo mais célebre de tal postura foi, no mundo cristão, o processo de Galileu que, levando-se em conta os tormentos causados a Maimônides, poderia também ter acontecido no mundo judaico.

Ora, Maimônides rompeu esse vínculo entre fé e razão, sem que se tenha avaliado, de imediato, o alcance de tal atitude. A Bíblia deixou de ser um livro de astronomia, uma obra de física, um atlas geográfico, para se tornar o livro sagrado do povo judeu, ou seja, o livro da fé em Deus. A longo prazo, esse corte epistemológico teve consideráveis conseqüências, já que contribuiu para abrir o caminho da ciência moderna.

Uma espécie de prova desta afirmação foi fornecida há meio século pelo célebre economista John Maynard Keynes; tendo adquirido os manuscritos deixados por Isaac Newton – e, durante três séculos, guardados em um baú que passou a ser conhecido como o "baú de Newton" –, Keynes descobriu que, entre os livros de cabeceira do fundador da física moderna, encontrava-se precisamente... o *Guia dos perplexos*.

Nesse longo confronto entre a teologia judaica e a filosofia grega, no processo escorado nessa dupla abordagem, Maimônides estudou um grande número das questões fundamentais formuladas a essas duas disciplinas, fornecendo sua própria resposta, a qual, como já dissemos, muitas vezes tem de ser decodificada. Logo veremos um exemplo de tal procedimento ao abordarmos o tema da criação do mundo. De passagem, Maimônides introduziu novas concepções que, durante muito tempo, conturbaram a paisagem cultural ocidental.

Nas páginas seguintes, apresentaremos alguns aspectos e temas estudados pelo *Guia*; adotando o estilo maimonidiano do *Tratado de lógica*, vamos em primeiro lugar enumerá-los:

3.1. Fontes do *Guia*;
3.2. As categorias do simbólico, do imaginário e do real;
3.3. Antropocentrismo e teocentrismo;
3.4. Deus e os atributos negativos;
3.5. Criação do mundo;
3.6. Profecia;
3.7. Providência divina;
3.8. A questão do bem e do mal;
3.9. Escatologia;
3.10. Influência do *Guia*.

3.1. Fontes do Guia

O estudo das fontes permite situar a problemática da obra, apreender mais claramente o interlocutor interior de Maimônides e as questões que ele elaborava; no século XX, este problema suscitou importantes pesquisas por parte de Shlomo Pinès.[14]

O primeiro lugar na inspiração filosófica de Maimônides é reservado, evidentemente, a Aristóteles; pode-se dizer que ele foi o único pensador judeu verdadeiramente aristotélico (embora, sobre a questão política, Maimônides tenha-se inspirado sobretudo em Platão, pela simples razão de que os textos políticos de Aristóteles ainda não eram conhecidos em sua época). No entanto, ele não se contentara em ler o Estagirita nas traduções árabes, mas estudara também as traduções dos comentários gregos (Alexandre de Afrodísia e Temístio), assim como os comentários árabes; entre estes, seu autor de predileção era al-Farabi, embora apreciasse, igualmente, Ibn Bajja* e Avicena.

A influência que poderia ter sido exercida por Averróis – maior filósofo árabe, seu contemporâneo – sobre seu pensamento é uma questão ainda sem resposta.

Em carta dirigida ao aluno e tradutor do Guia, Samuel Ibn Tibbon, Maimônides enumerou os autores que merecem atenção – a maioria dos quais acabamos de mencionar; ele assinalava também a importância dos escritos de Averróis. No entanto, tal obra somente chegou a suas mãos quando seu pensamento – formado precocemente, como vimos – já se encontrava em plena maturidade; o próprio Guia já havia sido concebido e redigido em suas linhas gerais. Ocorre que o pensamento dos dois grandes homens

---

14. Cf. Shlomo Pinès, *La liberté de philosopher. De Maïmonide à Spinoza* (cap. "Les sources du *Guide*"), Paris, Desclée de Brouwer, 1997.

* Aumpare, para os latinos. (N. T.)

apresenta uma estranha semelhança que, segundo parece, é o resultado, não de uma influência recíproca, mas de premissas e de métodos de trabalho comuns.

Observemos a curiosa particularidade que mostra até que ponto o homem Maimônides manteve-se afastado de qualquer tipo de nacionalismo: ao lado do grande número de citações de filósofos árabes existentes no *Guia*, as raras referências a autores judeus aparecem, geralmente, sob a forma de crítica.

Segundo a tipologia maimonidiana, o *Guia* dirige-se à elite; por sua vez, as obras precedentes – em particular suas *Epístolas* e *Responsa*, assim como o *Mishné Torá* – são destinadas às massas, incluindo os rabinos que se contentam em estudar a legislação talmúdica.

3.2. As categorias do simbólico, do imaginário e do real

Apesar de parecer audaciosa, a tentativa de estabelecer um paralelo entre Jacques Lacan[15] e Maimônides afigura-se-nos justificada; muito antes de o psicanalista francês, em sua tentativa de reelaborar o aparelho teórico freudiano com um novo rigor, ter feito a proposta da tríade simbólico, imaginário e real[16] como fundamento de seu ensinamento (1953), parece-nos que Maimônides já a havia utilizado com conteúdos bastante similares.

Para o psicanalista, essas três categorias (que iremos definir, a seguir, com maior clareza) constituem o arcabouço da realidade psíquica humana, o sistema de referenciais que orienta o pensamento e a ação do homem; o "enlace" entre eles constitui o símbolo paterno, ou seja,

---

15. Jacques Lacan (1901-1981), psiquiatra, psicanalista, fundador da *École Freudienne de Paris* e autor, em especial, de *Écrits*, Paris, Seuil, 1966.

16. Tríade construída a partir do modelo distorcido do *signo*, tal como o concebe a lingüística "estrutural": significado/significante ➤ referente.

o operador que introduz a razão na desordem da vida psíquica. Ora, afinal de contas, Maimônides não faz outra coisa senão questionar o intelecto humano em suas relações com o mundo circundante. A semelhança entre as tentativas dos dois autores não deixa de ser perturbadora. Vamos definir esses termos.

O *simbólico* é a linguagem. Retomando a análise de Aristóteles, Maimônides mostra até que ponto esse "instrumento" é imperfeito, equívoco, dando lugar a numerosas homonímias; além disso, a relação entre a palavra e a coisa é, antes de mais nada, imprecisa. Essa propriedade permite-lhe fornecer, na abertura do *Guia*, uma interpretação alegórica – aliás, essa é a grande originalidade da leitura maimonidiana da Bíblia – aos antropomorfismos da linguagem bíblica.

De qualquer forma, o simbólico é a dimensão principal em que se desenrola o desenvolvimento da ciência e da filosofia (e Maimônides critica os pensadores do *kalam*, ou seja, os *mutakalimun*[17], por não a terem levado em consideração).

Portanto, o filósofo é o sujeito dotado de dons particulares para o simbólico.

Por sua vez, o *imaginário* designa a faculdade da mente humana de produzir imagens; mas onde se encontra a origem dessa faculdade? A respeito desta questão, Maimônides defende uma tese revolucionária, cuja importância nunca chegou a ser reconhecida, antecipando o que será afirmado no século XX por Freud e Lacan. Em sua opinião, o imaginário encontra sua origem *na imagem do próprio corpo*;

---

17. Filósofos árabes religiosos ou escolásticos; cf. Maïmonide, *Guide des égarés*, Paris, Verdier, 1979, p. 10, nota 1. [A respeito do *kalam*, cf. Nachman Falbel, "O *kalam*, sua origem e sua influência no pensamento de Saadia B. Josef Gaon al-Faiyumi", in *Leopoldianum*, vol. XVII, nº 48, novembro de 1990, p. 59-88. (N. T.)]

aliás, os seres humanos "não podem conceber a existência a não ser no corpo. Para eles, tudo o que não é um corpo, nem se encontra em um corpo, não tem existência... Para o homem comum, somente o corpo tem uma existência sólida, verdadeira, indubitável. Tudo o que não é corpo nem se encontra em um corpo, não é, segundo o que o homem concebe inicialmente e sobretudo pela imaginação, uma coisa que tenha existência", escreve ele, em duas ocasiões, na primeira parte do *Guia*.

O simbólico – ou seja, o intelecto – encontra-se, portanto, como que capturado, colado, limitado no quadro desse imaginário. Ao trazer à luz esse defeito congênito da espécie, Maimônides procura, evidentemente, desembaraçá-la dessa imperfeição, nem que seja de forma parcial. Trata-se de abrir o caminho a um novo princípio, literalmente "inimaginável", a saber: há existência desprovida de corpo, não imaginável; é claro que, em primeiro lugar, pensamos em Deus. No entanto, ao mesmo tempo, trata-se de abrir a possibilidade de um saber sobre as coisas que não têm corpo.

Nem por isso se deve deduzir que Maimônides considera desprezível essa propriedade do psiquismo. Assim, a profecia pode ocorrer por uma ação conjunta do simbólico com o imaginário; do mesmo modo, o homem político pode agir por uma conjunção do imaginário com o real.

Maimônides distingue, sem dar-lhe um nome, uma terceira categoria – depois de Lacan, ela é designada por real – que só pode ser definida de forma negativa. Portanto, não se pode falar dessa categoria do real, nada pode ser dito a seu respeito (caso contrário, teria relação com o simbólico), nem pode ser imaginada (caso contrário, teria relação com o imaginário). Adivinha-se que o Deus de Maimônides tem relação com esta categoria do *impossível de dizer e ser representado*.

Apresentadas no início do *Guia*, essas três categorias permitem o desenvolvimento do discurso maimonidiano.

3.3. Antropocentrismo e teocentrismo

A captação do homem por seu imaginário – esse defeito mental de se limitar a conceber o universo, o *macrocosmo*, segundo a imagem de seu próprio corpo – leva-o necessariamente a uma concepção antropocêntrica do universo. A Terra é o centro do mundo e o homem é a maravilha deste mundo, seu senhor e dominador; daí, deduz-se sua concepção natural da divindade. Deus é essa força que o protege – se ele souber, evidentemente, atrair para si suas boas graças –, que lhe garante sua subsistência e sua defesa. Para retomar a fórmula figurada de Y. Leibowitz, Deus seria, segundo essa concepção, o ministro da Segurança Pública, o ministro da Fazenda, o ministro da Saúde, etc., do cosmo e portanto do homem. Deus estaria a serviço do mundo.

A concepção maimonidiana é diametralmente oposta: o homem é que está a serviço de Deus e este serviço dá sentido a sua vida. Esta fé em Deus deve ser totalmente desinteressada, ou seja, não esperar nenhuma recompensa e, acrescentemos, nenhum castigo por suas ações; o Deus maimonidiano não é um bicho-papão. O exercício da justiça, da verdade e do amor ao próximo constituem, por si sós, sua recompensa.

Maimônides percebeu muito bem que essa sublime concepção estava ao alcance apenas de uma ínfima parcela da humanidade, cujo modelo basilar seria o patriarca Abraão.

Assim, ele admitia como aceitável para o judaísmo a fé interesseira, ou seja, a fé daquele que crê na recompensa por suas boas ações e no castigo pelas más, única forma de fé acessível ao comum das pessoas; no entanto, o homem em busca da verdade deveria se esforçar por seguir o exemplo de Abraão e, no limite de seus recursos, procurar aproximar-se da fé desinteressada.

3.4. O Deus de Maimônides

Para o nosso pensador, a questão de Deus é, evidentemente, o tema central, ou seja, aquela da qual tudo começa e para a qual tudo volta.

Desde o início do *Guia*, Maimônides esforçou-se em extirpar toda a ganga imaginária, antropocêntrica, em que a concepção do Deus monoteísta estava submersa, e a primeira dificuldade encontrada nessa tarefa foi... o próprio texto bíblico. De fato, a propósito de Deus, a Bíblia não cessa de multiplicar as expressões corporais antropomórficas: o dedo, o sopro, a cólera, etc. de Deus. Maimônides submeteu cada um desses termos a uma exegese particular que, ao mesmo tempo, serviu de fundamento ao modo de leitura alegórico característico do maimonidianismo. Assim, quando o *Gênesis* evoca a criação do homem "à imagem" de Deus, esta refere-se, na verdade, ao intelecto; os "olhos" do Eterno designam a Providência divina, as "costas" de Deus significam a obediência a seus mandamentos, etc. Eis o que Maimônides designa por homonímias. Em virtude da imperfeição da linguagem, a mesma palavra pode ter vários sentidos; nesse caso, por meio de um trabalho de pesquisa das diferentes ocorrências de um termo, Maimônides conseguiu encontrar o sentido conveniente. Esse trabalho de exegese preliminar levou a estabelecer a existência, a unidade e a incorporeidade de Deus.

Foi Maimônides quem, igualmente, forneceu a forma mais elaborada à teologia *negativa dos atributos* de Deus ou teologia apofática* que, mais tarde, exerceria uma profunda influência sobre o místico renano Mestre Eckhart, já evocado. Segundo essa teologia, não é possível rotular Deus com atributos – nem mesmo os de bondade e justiça

---

* Cf. T. M. Verza, *A doutrina dos atributos divinos no Guia dos perplexos de Maimônides*, Porto Alegre, EDIPUCRS, 1999. (N. T.)

– porque estes são antropomorfismos, propriedades que têm a ver com o simbólico ou o imaginário. Qualquer atributo conferido a Deus acaba limitando sua infinitude; por sua essência, Ele escapa a qualquer categoria. Além disso, esses atributos prejudicam a unidade essencial de Deus.

Em outras palavras, é somente na forma negativa que se pode falar de Deus; além das ações divinas e seus efeitos, esses atributos não podem caracterizar, de modo algum, sua essência, que escapa a qualquer representação.

Essa teologia negativa demonstra o caráter artificial da distinção entre mística e racionalismo, categoria na qual, habitualmente, Maimônides é classificado; de fato, numerosos místicos – em particular Abraão Abulafia no mundo judeu – encontraram sua inspiração no *Guia*.

Os outros aspectos importantes da teologia maimonidiana são, evidentemente, as idéias da existência e da unidade de Deus. Não entraremos no detalhe dos longos desenvolvimentos dedicados por Maimônides à demonstração, em 25 pontos, de sua existência: eles resumem os argumentos dos filósofos que o precederam e que insistem sobre a necessária existência de uma causa primeira para o movimento. Ele acrescenta um 26º argumento de sua autoria, segundo o qual, até mesmo na hipótese de que o mundo fosse eterno, a existência de Deus continuaria sendo demonstrável. Seja como for, esses debates metafísicos só devem ser tratados pela razão, ou seja, o simbólico, e nunca se deve recorrer ao imaginário; ora, esse foi o procedimento adotado pelos teólogos muçulmanos e judeus do *kalam* que, por isso mesmo, foram criticados asperamente por Maimônides.

Afinal de contas, ao interpretar de maneira alegórica qualquer referência aos anjos, sejam grandes ou pequenos, com sua doutrina negativa dos atributos, Maimônides fortaleceu, mais do que qualquer outro teólogo judeu, o conceito de unidade e unicidade de Deus.

No entanto, o momento em que ele se mostra mais original é, sem dúvida, ao afirmar de forma absoluta e repetitiva a *incorporeidade* de Deus; até então, essa tese não havia obtido a adesão unânime dos teólogos no mundo judeu nem, a *fortiori*, nas outras religiões monoteístas. Aliás, esta idéia foi criticada por alguns rabinos no momento da *Controvérsia*, já que contradiz o próprio texto da Bíblia; ela é inspirada pela noção aristotélica de *primum movens*, ou seja, de um primeiro motor imóvel e imaterial.

Afirmar que Deus não tem corpo é dizer que Ele não corresponde a nenhum substrato material: eis uma idéia dificilmente concebível pelo homem comum, que pode facilmente interpretá-la como inexistência de Deus. Para evitar esse perigo, Averróis aconselhava que, ao se dirigirem às massas, os teólogos apresentassem a natureza de Deus como "luz" – objeto eminentemente imaterial e que se difunde por toda parte.

Mas Maimônides manteve-se intransigente: apesar de ter preconizado, a propósito de outras questões teológicas, a utilização de uma linguagem mais adaptada às faculdades de compreensão dos interlocutores, nesse aspecto, pelo contrário, achava que deveria ser afirmada sempre, sem qualquer concessão, a imaterialidade de Deus.

3.5. Criação do mundo

Eis, certamente, um dos aspectos em que é mais difícil conseguir a conciliação entre a filosofia de Aristóteles e as concepções do judaísmo; de fato, sabe-se que, para o Estagirita, o mundo é eterno e, por conseguinte, não houve criação.

Ora, segundo o primeiro versículo do *Gênesis* – "No princípio, Deus criou o céu e a terra" –, a idéia de criação *ex nihilo* aparece como um dos principais dogmas do judaísmo e dos monoteísmos derivados do credo judaico.

Sem dúvida, convém prestar atenção, também, ao segundo versículo, segundo o qual – antes mesmo de ter sido ordenado e executado o primeiro ato da criação: "Que a luz se faça" –, "o espírito divino planava na superfície das águas"; portanto, já existiria matéria antes do início da criação.

De que modo Maimônides conseguiu conciliar essas posições antagônicas? Da maneira mais curiosa. A respeito deste ponto delicado – assim como a propósito da ressurreição dos mortos –, é possível observar as estranhas contradições de seu texto, em outros pontos bem explanado.

Na aparência, ele rejeitava categoricamente a teoria aristotélica, rejeição matizada por esta afirmação: Aristóteles apresentaria a idéia da eternidade apenas como a hipótese mais plausível. No entanto, curiosamente, Maimônides recusava com veemência os argumentos dos teólogos do *kalam* que, por sua vez, defendiam a tese da criação *ex nihilo*, e consagrou um bom número de páginas à refutação dos partidários da ortodoxia monoteísta.

É quase certo que Maimônides não poderia subscrever o sentido óbvio das primeiras linhas da Bíblia que, aparentemente, se dirigem sobretudo às massas e não à elite.

Como foi muito bem observado por Y. Leibowitz[18], o crente sente mais dificuldades para compreender a idéia de criação que a da eternidade do mundo. Como conceber que em certo "momento" tenha surgido no cerne da divindade a idéia da criação, se pretendemos evitar a queda em clichês antropomórficos do tipo de criação "por amor"? De fato, a idéia da eternidade do mundo não é inconciliável com a fé. Contrariamente ao que defende o espinosismo, Deus, para o crente, não se identifica com o universo: Ele lhe é exterior, é o princípio eterno que mantém o mundo.

---

18. Y. Leibowitz, *Israël et judaïsme, ma part de vérité*, Paris, Desclée de Brouwer, 1996.

Seja como for, para Maimônides, a resposta à questão de saber se houve criação ou não supera os limites das possibilidades da razão humana.

3.6. Profecia

A profecia é uma das questões a que Maimônides atribuiu maior importância; ele já a evocava, substancialmente, em sua obra *Oito capítulos*. Mas, então, o que é a profecia?

Na concepção popular, o profeta é aquele que diz o futuro, que *pré*-diz; essa não é, evidentemente, a posição da maior parte dos teólogos judeus.

Na concepção – sublime – de Maimônides, o profeta é aquele que consegue um certo conhecimento de Deus, mais ou menos aprofundado segundo sua posição na hierarquia dos profetas; neste caso, Moisés é quem atingiu o mais elevado grau.

A partir desse conhecimento, o profeta enuncia em determinado momento – por via de regra, crucial e dramático – *o que deve ser feito*. Segundo a opinião de Y. Leibowitz, a idéia latente em Maimônides é que o dom de profecia se encontra em potência em todos os homens; esse dom constitui mesmo sua essência, seu programa existencial – aliás, programa que é levado a termo somente por um número ínfimo de indivíduos.

O dom de profecia seria, portanto, uma qualidade *natural* do homem. Mas não é por um desregramento sistemático de todos os sentidos, à *maneira* de Rimbaud, que o homem chega à vidência; pelo contrário, ele só consegue empreender o caminho dos profetas pelo desenvolvimento harmonioso de todas as suas faculdades.

O movimento da profecia exercer-se-ia, portanto, de uma forma ascensional, de baixo para o alto, do homem para Deus; por sua vez, a intervenção divina só se efetuaria no derradeiro estágio.

Ser profeta implica, portanto, no começo, uma refinada instrução (por isso mesmo, e de forma alusiva, Maimônides excluía a pretensão de Mohammad à profecia já que, segundo o próprio Alcorão, o fundador do Islã não sabia ler nem escrever; assim, era obrigado a recorrer a um escriba a quem ditava suas visões) e, também, a posse de grandes virtudes morais.

No entanto, entre os teólogos judeus – em particular entre os pensadores sefarditas espanhóis da Idade Média, fundadores da reflexão teológica judaica (enquanto os outros "não passam de notas de rodapé") – existem duas grandes concepções a respeito da profecia:

a) A concepção "natural" – ou seja, aquela que acabamos de descrever e cujo teórico mais importante é Maimônides. Como vimos, ela é um movimento de elevação de baixo em direção ao alto, do homem para Deus, admitindo eventualmente que Deus intervém (ou recusa intervir) para que seja possível transpor o último degrau.

b) A concepção "sobrenatural", cujo teórico mais importante foi outro filho de Córdoba e também grande poeta: Judá Halevi. Segundo este, a profecia é um fenômeno sobrenatural, miraculoso, em que a intervenção divina é decisiva. É Deus quem, exclusivamente por um ato de vontade, escolhe seu eleito entre os homens. Evidentemente, esta segunda concepção corresponde melhor às crenças populares e, sem dúvida, também a uma leitura simplista da Bíblia.

Para voltar à concepção maimonidiana e às categorias do simbólico, imaginário e real, a profecia resulta da conjunção do simbólico com o imaginário. Durante a primeira parte do extenso processo, o papel principal é desempenhado pelo simbólico, ou seja, a meditação filosófica, os esforços para conhecer a natureza, o estudo da Lei e de seus Mandamentos. No final desse processo, produz-se uma efusão do imaginário sobre o simbólico, efusão que se manifesta por fenômenos alucinatórios, visuais e auditivos, fenômenos que devem ser interpretados segundo o modelo alegórico.

Essa conjunção do imaginário com o simbólico permite que o sujeito alcance o real, ou seja, o conhecimento de Deus, tendo como conseqüência o conhecimento da verdade moral, até mesmo política, de determinada situação.

Maimônides distinguia vários graus na ordem da profecia. Ele conferia a Moisés um *status* à parte; em relação aos outros profetas, a profecia de Moisés é de *natureza diferente*, evita as efusões do imaginário, com seus fenômenos visuais e acústicos. Moisés fala com Deus, como afirma a Bíblia, "face a face", em estado de vigília, sem recorrer ao sonho profético, à intercessão dos anjos ou de qualquer outro fenômeno sobrenatural. Maimônides desenvolveu, assim, a idéia talmúdica segundo a qual os outros profetas "olhavam para um espelho embaçado", enquanto Moisés "olhava para um espelho límpido".

Além de ser o maior dos profetas, Moisés era um importante político (e vimos que o homem político é caracterizado por seus dons na ordem do imaginário e do real) e um grande legislador. Ele representa, portanto, a mais elevada perfeição que possa ser alcançada nas três ordens do simbólico, imaginário e real.[19] É o homem que mais se elevou no conhecimento divino.

3.7. *Providência divina*

Os teólogos distinguem entre providência geral e providência individual: a primeira regula e protege toda a criação; a segunda, como seu nome indica, diz respeito a cada ser particular.

---

19. Que nos seja permitida esta digressão lacaniana: a perfeição nas três categorias que formam o nó da "paternidade" qualifica, ao mesmo tempo, Moisés para fundar a paternidade como função portadora da Lei.

A oposição entre as diferentes correntes teológicas e filosóficas, tanto na Grécia quanto no Islã ou no judaísmo, manifestou-se no decorrer de acirrados debates: alguns pensadores, como os epicuristas, negavam a existência de qualquer providência e consideravam os acontecimentos como efeitos do acaso; por sua vez, os aristotélicos aceitavam a providência geral, mas não a individual. Maimônides admitia a existência das duas providências, atribuindo-lhes um sentido original.

A providência geral identifica-se simplesmente com as *leis da natureza*, as leis da física, que Deus imprimiu no universo de uma vez por todas.

Por sua vez, a definição da providência individual é mais delicada; de fato, ela coloca simultaneamente a questão, tão importante no pensamento de Maimônides, do *livre-arbítrio*.

O tema do livre-arbítrio, da liberdade individual, é, sem dúvida, uma das questões mais delicadas e debatidas de toda a história da filosofia e da ética. Depois de Kant, sabe-se que toda reflexão sobre essa questão culmina necessariamente em uma aporia; além disso, determinar ou não a existência do livre-arbítrio é da ordem do indemonstrável.

Contrariamente ao que acreditam (ou pretendem fazer crer) certos pensadores judeus, essa questão não está de modo algum resolvida no judaísmo. Alguns – esse é o caso de Maimônides – optaram por uma liberdade quase completa das escolhas que o homem faz (posição adotada também pelos teólogos muçulmanos *mutazilitas*). Outros – por exemplo, Chasdai Crescas, homem de grande envergadura filosófica e científica – acreditavam em um determinismo absoluto: qualquer ato efetuado pelo homem é desejado por Deus.

Entre esses extremos, é possível encontrar numerosas posições intermediárias. Citemos a de um dos maiores mestres do Talmude, Rabi Akiba[20], que proferiu este belo julgamento:

> Tudo está entre as mãos de Deus, salvo o temor de Deus.

Ao determinismo absoluto da primeira parte da sentença, opõe-se a livre escolha enunciada na segunda: o homem é livre para acreditar em Deus – e temê-lo – ou recusar tal fé. Pontual na aparência, esta liberdade é de fato bastante ampla já que, desta escolha primeira, decorre uma cascata de importantes conseqüências que, em particular, dizem respeito à questão da providência individual.

Afinal de contas, poderíamos propor que, para Maimônides (segundo a leitura feita por Y. Leibowitz), o homem constitui sua própria providência individual. Se, por uma manifestação de seu livre-arbítrio, escolhe acreditar em Deus e temê-lo (temor cuja forma suprema é o amor de Deus, tal como Abraão soube encarnar no momento do sacrifício de seu filho), ele se coloca então, voluntariamente, sob a proteção da Providência, segundo o grau de desenvolvimento de seu intelecto. Todo aquele que rejeita Deus coloca-se, por isso mesmo, fora do campo da providência individual; limita-se a usufruir da providência geral.

Para desenvolver essa teoria, Maimônides empenhou-se na elaboração de um magistral comentário do *Livro de Jó* (*Guide des égarés*, 3ª parte, 22-23). Segundo ele, as personagens desse livro representam as diferentes opiniões dos homens sobre a questão da providência.

De passagem, Maimônides rejeitou determinadas concepções talmúdicas ou as posições de eminentes comentadores,

---

20. Descendente de um convertido ao judaísmo, Rabi Akiba (século II) foi um dos dez mártires, condenados pelos romanos (ano 138), na seqüência da revolta de Bar Kochba contra as legiões de Adriano; comentador muito inventivo, redigiu a introdução do *Cântico dos Cânticos*, um dos livros da Bíblia.

tais como Saadia Gaon[21], segundo as quais certas desgraças constituiriam provações enviadas a sujeitos amados por Deus. Tal comportamento pressupõe um Deus injusto e cruel; ora, tal hipótese não poderia ser aceita por ele.

3.8. A questão do bem e do mal

Este tema relaciona-se estreitamente com a questão concernente à providência. Evidentemente, Maimônides rejeitava qualquer concepção dualista, isto é, a existência de dois princípios, o do bem e o do mal. Reconhecer tal dualismo equivaleria a negar a unicidade e a onipotência divinas.

Segundo ele, *o mal é simplesmente a ausência do bem*, do mesmo modo que a natureza das trevas é apenas ausência de luz. (Uma vez mais, convergimos para a teologia negativa dos atributos divinos.)

Esta tese do mal como resultado da ausência do bem, cuja fonte é Deus – e, portanto, da rejeição de Deus pelo homem –, parece, em parte, inspirada pelas doutrinas neoplatônicas.

Maimônides distinguia três tipos de males: os de origem natural, tais como os terremotos, as inundações, etc., que estão fora do controle do homem e têm relação com as leis da natureza; os de origem social, como as guerras; e os de origem individual, causados pelo comportamento do indivíduo. Por dependerem de sua ação, o homem deveria se esforçar por remediar os dois últimos tipos de males que, aliás, são muito mais freqüentes do que o primeiro.

Em todo caso, Maimônides não compartilhava a opinião pessimista daqueles que (por exemplo, os adeptos das

---

21. Saadia Ben Josef Gaon al-Faiyumi, *gaon* de Sura (Babilônia, século X): autor de um grande tratado filosófico, redigido em árabe, *O livro das crenças e das doutrinas*, é considerado o primeiro talmudista a criar um sistema de dogmática judaica.

doutrinas dualistas do catarismo) consideravam a criação fundamentalmente má. Considerando o mundo em sua totalidade, acima das desgraças pessoais – aliás, à semelhança do convite dirigido por Deus a Jó, no final de seu diálogo –, a criação aparece como algo bom e não dominada pelo mal e pelo fracasso.

3.9. Escatologia

Nesse contexto, e contrariamente à maior parte dos pensadores judeus, era previsível que Maimônides considerasse, com suspeição, qualquer questão relacionada com o fim dos tempos, messianismo e ressurreição dos mortos. Assim, no *Guia*, ele aborda esses temas com parcimônia; além disso, ao proceder a tal abordagem, tenta sempre desembaraçá-los de qualquer consideração sobrenatural. Por exemplo, o messias não passa de um rei pertencente ao gênero humano, da descendência de Davi, cuja missão consiste em reconduzir o povo judeu à terra dos antepassados e libertá-lo do jugo da opressão estrangeira, para que possa viver em conformidade com suas tradições e leis, ou seja, segundo a Torá, em paz com as outras nações. O rei-messias teria uma morte natural; além disso, seu filho, e em seguida seu neto, suceder-lhe-iam sem que se produzisse qualquer cataclismo ou modificação da ordem do mundo. Sem que a doença, a pobreza e a injustiça desaparecessem. A única diferença consistiria em constatar a observância mais fiel dos preceitos divinos, tais como são enunciados pela Bíblia.

Estamos longe dos grandes arroubos escatológicos desenvolvidos, alguns séculos depois, pelas doutrinas cabalísticas, cuja repercussão mais espetacular foi – além da aparição, nos séculos XVII e XVIII, dos grandes movimentos messiânicos sabateus e frankistas (ver p. 111) – o retorno, nos nossos dias, de uma esperança messiânica absolutista em algumas correntes do sionismo religioso com as graves conseqüências políticas daí decorrentes.[22]

3.10. Influência do Guia

Em particular nas comunidades judaicas do Sul da França, a publicação do *Guia* – e sobretudo sua tradução para o hebraico, em 1204, por Samuel Ibn Tibbon – produziu imediatamente uma profunda transformação: a aparição de um novo ideal religioso e cultural que dominaria a erudição judaica medieval, caracterizada pelo princípio de que, além de lícito, o estudo da filosofia deve ser considerado um dever religioso.

Como já sabemos, as teses maimonidianas enfrentaram, também, uma violenta oposição, em particular da maior parte dos cabalistas e de seus epígonos tardios.

Além disso, o *Guia* suscitou uma volumosa literatura de comentários que serão abordados mais adiante.

No entanto, a influência do *Guia* ultrapassou os limites da Idade Média; essa obra deu uma considerável contribuição, no início da era moderna, para a formação do novo pensamento judaico. O movimento da *Haskala*, ou das Luzes, lançado por Mendelssohn pretendia ser um neomaimonidianismo. Aliás, a autoridade de Maimônides é reivindicada por toda a corrente modernista, "laica", no âmago do judaísmo; pelo influente pensador Hermann Cohen conhecido sobretudo por seu kantismo; ou por algumas correntes culturalistas do sionismo, tal como a de Ahad Ha-Am.[23]

---

22. Esta oposição entre messianismo maimonidiano e messianismo cabalístico é analisada em nosso livro *Les Biblioclastes. Le messianisme et l'autodafé*, Paris, Grasset, 1990.
23. Ascher Guinzberg (1856-1927), chamado *Ahad Ha-Am* (*um* do povo).

Finalmente, o pensamento maimonidiano exerceu uma profunda influência sobre Baruch Espinosa, considerado por alguns como seu último discípulo, malgrado as críticas que o filósofo batavo lhe fez, no *Tratado teológico-político*.

O mundo cristão recebeu, igualmente, o ensinamento do *Guia*; sua herança foi reivindicada ou criticada pela escolástica cristã, por Alberto Magno, Santo Tomás de Aquino, Duns Escoto ou Mestre Eckhart. Na aurora da era moderna, ele influenciou também Leibniz.

Observemos que, nos círculos judaicos considerados "ultra-ortodoxos" – para os quais só o estudo exclusivo da literatura rabínica é verdadeiramente lícito –, foi proibida, na prática, a leitura do *Guia*; até a simples posse do livro foi firmemente "desaconselhada".

Todavia, como veremos mais adiante a propósito da ciência, Maimônides sempre defendeu que, em vez de serem ministrados de forma autônoma, o ensino e a reflexão da filosofia deveriam levar em consideração os dados da fé. No entanto, sua elevada idéia a respeito da fé tornava-a incompatível com a das mentes acanhadas, mantidas artificialmente em um retraimento debilitante, a "desses imbecis que pululam em nossa religião" – segundo expressão utilizada por ele. Pelo contrário, Maimônides procurava colocar a filosofia, assim como todos os conhecimentos, enquanto riquezas do espírito, a serviço dessa fé.

4. *Maimônides, homem de ciência*

Evidentemente, a ciência de Maimônides só poderia ser entendida em seu sentido medieval; no entanto, devemos desprender-nos de nossos preconceitos de homens modernos. Segundo uma concepção bastante difundida, a ciência moderna surgiu entre os séculos XVI e XVII; esse nascimento teria lançado em um merecido esquecimento o que, anteriormente, exibia o rótulo de ciência. Trata-se de um erro de apreciação.

Assim, apesar de algumas premissas totalmente errôneas, a astronomia medieval já havia adquirido um conhecimento suficiente para estabelecer, por exemplo, um calendário exato; do mesmo modo, com o desenvolvimento da teoria das cônicas e das assíntotas – e, sobretudo, com a invenção da álgebra pelos árabes –, a matemática conheceu, desde a Idade Média, importantes desenvolvimentos a partir dos quais a ciência moderna conseguiu formular suas leis.

Por sua vez, a medicina não era assim tão irrelevante ou desprovida de recursos quanto se imagina, como veremos com os escritos de Maimônides nessa área.

Considerando esses limites, ele foi um formidável espírito enciclopédico, curioso em relação a todo o saber de seu tempo, com algumas restrições relativas à arte musical e ao que atualmente poderia ser designado por "matemática pura". Assim, segundo alguns, Maimônides não conseguiu elevar sua curiosidade até o nível da aspiração ao puro conhecimento, desinteressado, diferentemente de pensadores posteriores como Gersônides ou Crescas. Para ele, todo saber deveria estar a serviço de uma finalidade religiosa ou, como no caso da medicina, de um objetivo utilitário; na seqüência de tal postura, a maior parte dos pensadores judeus da Idade Média deixou de lado a pesquisa científica pura.

Em todo caso, Maimônides apaixonou-se, desde jovem, pela astronomia. Seus mestres foram árabes e, no *Guia*, são citados nominalmente, em particular Jabir Ibn Aflah de Sevilha; ele havia estudado as obras de Ibn Bajja e, evidentemente, o *Almagesto* (ou *Composição matemática*) de Ptolomeu. O primeiro curto tratado que redigiu na adolescência incide precisamente sobre o calendário hebraico e o problema do *'ibbur*; de fato, esse calendário apresenta a particularidade de ser formado por meses lunares (à semelhança do calendário muçulmano), mas um ciclo anual solar. Assim, para fazer coincidir a contagem do ano lunar com o calendário solar, é necessário periodicamente (mas uma periodicidade irregular), intercalar um mês suplementar em determinados anos chamados *embolísmicos*. As diferentes obras de Maimônides estão recheadas de passagens relativas à astronomia que demonstram seu domínio sobre o saber da época nessa matéria.

Contrariamente a numerosos grandes pensadores judeus medievais (tais como Abraão Ibn Ezra ou, mais tarde, Isaac Abravanel), Maimônides não confundia astrologia com astronomia. Em uma carta de 1194, dirigida aos rabinos do Sul da França, ele denunciava asperamente a astrologia, condenando todos aqueles – em grande número, no mundo judeu – que se dedicavam a ela. Trata-se, dizia ele, de uma falsa ciência; pelo contrário, a astronomia é um verdadeiro saber. No entanto, ao mesmo tempo – e, neste aspecto, revela-se uma vez mais sua personalidade – confessava que a astrologia foi, em sua juventude, a primeira disciplina secular a ser objeto de seu estudo e que tinha lido todos os tratados existentes em árabe sobre a questão. Portanto, é sempre com conhecimento de causa, depois de ter efetuado aprofundada análise, que Maimônides adota ou rejeita determinado saber.

Esse conhecimento sobre astronomia implica, evidentemente, um saber matemático subjacente. Eis o que transparece quando, por exemplo, Maimônides evoca no *Guia*, embora de forma metafórica, a teoria matemática das assíntotas para ilustrar o fato de que existem realmente coisas que não podem ser representadas; no entanto, ele estimava que, não estando a serviço da reflexão filosófica ou da teologia, a pesquisa matemática – ou qualquer outra ciência – era uma perda de tempo. Esta posição crítica em relação ao saber puro seria, contudo, atenuada por sua ardente curiosidade; é claro que esse não foi o caso de seus epígonos.

Gad Freudenthal desenvolveu a tese de que o precário desenvolvimento das ciências no mundo judeu medieval, exatamente na época em que se encontravam em pleno progresso no mundo muçulmano, em particular na área da matemática, com a invenção da álgebra, é um efeito da filosofia maimonidiana:

> A ausência de institucionalização dos estudos das "ciências estrangeiras" nas comunidades judaicas do Sul da França ainda é uma conseqüência da aceitação da filosofia maimonidiana... Como se sabe, Maimônides sublinhou reiteradamente que o conhecimento científico e filosófico é destinado não às "massas", mas a uma pequena elite intelectual.[24]

Esta tese que responsabiliza Maimônides pela mediocridade científica do mundo judeu durante séculos mostra-se bastante severa, para não dizer injusta, em relação a um homem que deu uma contribuição fundamental para a abertura desse mundo à cultura dos outros povos, e cuja doutrina encontrou a violenta oposição da importante parcela dos judeus que permaneciam amarrados ao estrito ensino das disciplinas rabínicas; segundo parece, estes círculos rabínicos antimaimonidianos é que seriam responsáveis pelo atraso referido por Freudenthal. Todavia, convém analisar os argumentos apresentados por esse autor para justificar suas conclusões.

Seu ponto de partida é a afirmação contida no *Guia*, absolutamente espantosa – até mesmo, blasfematória – para

---

24. G. Freudenthal, "Les sciences dans les communautés juives médiévales de Provence: leur appropriation, leur rôle", in *Revue des Études Juives*, Paris, tomo 152, 1993.

um judeu tradicional, segundo a qual a *maasse berechit*, ou "narrativa da Criação" do *Gênesis*, não é outra coisa senão a *Física* de Aristóteles, enquanto a *maasse merkaba*, ou "narrativa da carruagem celestial" do primeiro capítulo do livro de Ezequiel, deve ser identificada com a *Metafísica* do Estagirita; ora, esses textos constituem as duas pedras angulares de toda a tradição esotérica judaica (e, portanto, da Cabala), o núcleo mais secreto do ensinamento rabínico. O Talmude proscreve o ensino público de tais questões. A transmissão do saber esotérico contido nesses textos efetua-se diretamente de mestre iniciado para aluno; além disso, tal ensinamento só pode ser ministrado, de cada vez, a um só aluno, cujas aptidões tenham sido testadas de antemão. A tese de Maimônides segundo a qual a significação esotérica desses dois textos teria sido perdida na seqüência das vicissitudes da história – a saber, a destruição do Primeiro Templo – e redescoberta pelo grego Aristóteles, ressoou como um trovão no recinto fechado da tradição judaica: tratar-se-ia, por um lado, de uma destituição do orgulho cultural nacional e, por outro, da secularização do que era aceito como o sagrado e o misterioso por excelência.

Narrativa da criação = física

Se lermos esta equação da esquerda para a direita, ela constitui uma operação de laicização do saber religioso; em compensação, lida da direita para a esquerda, transformando a física em disciplina religiosa esotérica à qual se aplicam os procedimentos do tipo de ensino que acabamos de evocar (iniciático e ministrado de cada vez a um só aluno), ela implica que o acesso a tal ensinamento seja restrito a um pequeno número de indivíduos.

O mesmo raciocínio é válido para a segunda equação:

Narrativa da carruagem celestial de Ezequiel = metafísica

Depois da morte do mestre, os maimonidianos teriam lido essas duas equações desta maneira, ou seja, no sentido de uma esoterização da física e da metafísica; essa leitura teve como conseqüência o precário desenvolvimento dos estudos científicos e a não incorporação dessas disciplinas no *cursus* das escolas talmúdicas (*yeshivot*), contrariamente ao que, durante esse mesmo período, se passava nas universidades criadas pela Igreja Católica. Ora, o mundo judeu tradicional não suscitou a criação de universidades.

No entanto, será correto imputar a Maimônides e a sua doutrina a responsabilidade por tal situação? Trata-se de uma grande injustiça responsabilizar um mestre pelas carências de seus discípulos. Segundo parece, o precário desenvolvimento da ciência no mundo judaico medieval foi motivado, especialmente, pelas condições históricas, desfavoráveis por sua instabilidade, que marcaram a vida das comunidades judaicas no final da Idade Média, assim como ao peso esmagador de certa tradição; ora, Maimônides empregou toda a energia para desestabilizar tal tradição.

5. *Maimônides médico*

Na história da medicina e na genealogia de seus fundadores, após Hipócrates e Galeno – cujos escritos foram estudados e comentados meticulosamente por Maimônides –, o grande pensador judeu ocupa, ao lado de Avicena e Averróis, uma posição de destaque.

Já relatamos (cf. cap. 2) em que circunstâncias trágicas (em decorrência da morte por naufrágio de Davi, o irmão ainda jovem que garantia sua subsistência) o título de médico foi acrescentado aos méritos do filósofo-teólogo; na verdade, desde a adolescência, Maimônides era apaixonado pela medicina.

Segundo parece, e à semelhança do que havia ocorrido com outras disciplinas, o próprio pai foi seu primeiro mestre; mais tarde, em particular durante sua estada no Marrocos, ele recebeu um ensino mais aprofundado na matéria. Seus escritos comportam detalhes precisos – em especial sobre o sistema sangüíneo pulmonar e as arteríolas – que manifestam um conhecimento da anatomia impossível de ser adquirido a não ser pela dissecação de cadáveres; ora, tal prática é proibida pela lei judaica. Esse é outro mistério de sua vida.

No entanto, só depois do falecimento do irmão é que Maimônides se consagrou verdadeira e plenamente à medicina. Nesta área, revelou tantos talentos que sua reputação impôs-se rapidamente e chegou ao conhecimento não só do vizir do Egito, que o fez seu médico pessoal – cargo ocupado por Maimônides enquanto viveu –, mas também do próprio sultão Saladino; segundo algumas lendas, ele teria sido convocado à cabeceira de Ricardo Coração de Leão, ferido no decorrer da Terceira Cruzada e feito prisioneiro de Saladino, em Ascalão. Desde a Idade Média até os dias de hoje, os historiadores árabes sempre prestaram homenagem à arte médica de Maimônides, considerada por alguns como superior à de Galeno; em nosso entender, essa reputação não é, de modo algum, indevida.

Maimônides deixou-nos uma dezena de escritos específicos na área da medicina, sob a forma de curtos tratados; no entanto, é possível encontrar, também em outros textos – em particular teológicos –, numerosas passagens com referências medicinais. De fato, certas afecções, especialmente neurológicas e psiquiátricas, levantam problemas de jurisdição religiosa; por exemplo, qual deve ser a legislação relativa tanto ao doente mental como ao epiléptico a propósito do casamento e da prestação de testemunho, ou à execução de certos atos como o abate ritual de animais? Na discussão de tais problemas – particularmente em relação à epilepsia –, Maimônides demonstrou uma grande sutileza clínica.[25] Na maior parte das vezes, sua principal preocupação consistiu em permitir que o doente levasse uma vida social e religiosa tão próxima quanto possível da normal; assim, chegou a atenuar a legislação promulgada pelo Talmude.

Entre os interesses de Maimônides na área da medicina, podemos descortinar duas categorias de questões:

a) as que se relacionam diretamente com o corpo; e

b) as que dizem respeito à mente, ou seja, *avant la lettre*, à psicologia e à psiquiatria.

Essas últimas mereciam uma atenção particular por parte de Maimônides. De maneira geral, ele tinha uma grande preocupação em estabelecer a ligação entre corpo e mente – tema sobre o qual, em breve, daremos um exemplo significativo; neste aspecto, o médico identificava-se com o filósofo. Em todas as áreas, a doutrina maimonidiana recusava o dualismo; pelo contrário, apresentava-se como fortemente monista.

Na história da medicina, Maimônides foi, talvez, um dos primeiros – se não o primeiro – a propor uma abordagem do tipo psicossomático; tal mérito foi reconhecido por um admirador árabe, seu contemporâneo, que compôs o seguinte poema à sua glória:

> A arte de Galeno cuidava somente do corpo,
> A de Abu-Amram[26] cuida do corpo e da mente.
> Do mesmo modo que, por seu saber, foi o médico do século,
> Assim também ele cuidou do mal da ignorância com a sabedoria...

---

25. Cf. nosso livro *L'enfant illégitime: sources talmudiques de la psychanalyse* (2ª parte), 3. ed., Paris, DDB, 1996.
26. Nome árabe de Maimônides.

Inspirado tanto por Aristóteles quanto pelo Talmude, Maimônides descrevia o psiquismo como um sistema constituído por *midot* (plural de *mida*), palavra que pode ser traduzida por "qualidade" ou "traço de caráter". Na verdade, o conceito é muito mais complexo e interessante. Assim, duas propriedades – tais como "avareza" e "prodigalidade" – não são traços de caráter independentes, mas pertencem à mesma *mida*, ou seja, constituem suas duas extremidades. O mesmo acontece em relação a "crueldade" e "compaixão", e para todos os outros caracteres da alma humana. A *mida* é, portanto, uma espécie de escala ou, ainda melhor, de circuito em que o sujeito deve esforçar-se por ocupar o caminho mediano, a justa medida.

Essa noção evoca, evidentemente, as da psicanálise e da psicologia moderna. Freud insistiu sobre o fato de que, por exemplo, "sadismo" e "masoquismo" têm a ver com a mesma pulsão; que o amor e o ódio são, com toda a certeza, dois sentimentos antagônicos, mas é possível experimentá-los simultaneamente em relação ao mesmo *objeto* – ou seja, o que a teoria freudiana designa pelo termo, um tanto aviltado, de *ambivalência*. Poderíamos evocar, igualmente, as afecções estreitamente associadas da anorexia e bulimia que também têm a ver com a mesma *mida*.

Com base nesta caracteriologia, Maimônides elaborou uma forma interessante de psicoterapia.

Em determinados procedimentos com finalidade reeducativa de concepção trivial, o terapeuta esforça-se por habituar – até mesmo forçar – o sujeito a abandonar sua conduta julgada condenável; por exemplo, no caso da propensão para as bebidas alcoólicas, será indicada a abstinência que, por natureza, é uma prática coercitiva.

Maimônides considerava tais métodos ineficazes; em sua opinião, alcoolismo e sobriedade pertenciam à mesma *mida*. A pretensão de forçar um alcoólatra a abandonar sua inclinação "culpável" representa, indubitavelmente, um perigo; de fato, ele sente-se tão apegado a esse *habitus* que constrangê-lo a renunciar à sua tendência pode fragilizá-lo, até mesmo matá-lo. A idéia de Maimônides consiste em levar o sujeito até o limite, em "exagerar o sintoma".[27] Para permanecermos no âmbito do alcoolismo, Maimônides preconizava que, em um primeiro momento, tal sintoma fosse agravado permitindo que o doente pudesse beber até "mais não poder" e, inclusive, além da medida, já que estava persuadido de que – a partir de um certo limite e graças ao acompanhamento firme, mas compreensivo, do médico – o paciente empreenderia o caminho em sentido oposto, acabando por adotar uma atitude mais próxima da "justa medida" desejada.

Evidentemente, trata-se de uma descrição esquemática, mas bastante interessante em seu princípio; afinal de contas, esta inspiração tem sido adotada por um grande número de práticas psicopatológicas modernas, chamadas de "paradoxais". Essas preocupações com a "medicina da alma" podem ser encontradas em vários escritos médicos de Maimônides – todos redigidos em árabe, logo traduzidos para o hebraico e em seguida para o latim, antes de serem difundidos rapidamente por todo o Ocidente cristão e garantirem a reputação do "médico de Córdoba".

Entre esses tratados, geralmente redigidos a pedido de príncipes ou do próprio sultão, é possível identificar recensões de aforismos de Hipócrates e de Galeno, acompanhadas por seu comentário. O texto intitulado *Os aforismos de Moisés* – ou seja, do próprio Maimônides – foi, sem dúvida, o tratado mais difundido; ele escreveu também um *Tratado sobre as hemorróidas*, um *Guia para manter a saúde* e um *Tratado sobre as relações sexuais*.

---

27. Para retomarmos a fórmula de Jacques Lacan, que declarava adotar esse princípio na condução de suas curas...

Desejamos deter-nos em três tratados que, para a medicina atual, conservam um verdadeiro interesse: os dois primeiros dizem respeito às drogas e venenos, enquanto o outro estuda a asma.

Em um texto descoberto em 1932 em Istambul (cidade que, no século XX, tornou-se uma verdadeira mina para a redescoberta dos manuscritos perdidos de Maimônides, entre os quais seu *Tratado de lógica*, transportados, sem dúvida, pelos exilados da Espanha em 1492), Maimônides insiste sobre a necessidade de identificar, cuidadosamente, os diferentes venenos por meio de suas denominações correntes; portanto, estabeleceu uma lista de 350 nomes em árabe, seguidos por sua designação em grego, em persa (extraída provavelmente de Avicena), assim como em espanhol, egípcio e berbere (lembrança de sua estada no Marrocos). Este documento é evidentemente precioso para o historiador da medicina e da botânica.

No entanto, foi sobretudo seu *Tratado sobre venenos e antídotos* que suscitou, até os dias de hoje, a admiração de gerações de toxicólogos; nesse texto, encontramos a minuciosa descrição clínica dos diferentes distúrbios provocados por cada veneno – aliás, descrição que nunca chegou a ser superada, mostrando o rigor e a objetividade utilizados pelos médicos que precederam a ciência moderna.

Maimônides foi igualmente o primeiro a estabelecer a distinção entre o veneno de diferentes serpentes; ele preconizou a instalação de farmácias centrais em que fosse possível encontrar diferentes antídotos.

Outro texto particularmente interessante é o *Tratado sobre a asma*[28], escrito a pedido do sultão que sofria dessa moléstia.

---

28. Cf. nosso artigo sobre esse tratado, "Psyché et Nechama", publicado na revista *Champ Psychosomatique*, nº 6, Paris, La Pensée Sauvage, 1996.

Na primeira parte dessa curta obra, Maimônides começa multiplicando os conselhos de higiene que impressionam por sua atualidade; por exemplo, note-se que, ao recomendar o exercício físico diário, diferencia-se nitidamente do ensinamento rabínico clássico, para o qual essa atividade – *grega*, por essência – é considerada uma perda de tempo. Um regime dietético moderado, no fim das contas a luta contra o aumento excessivo de peso, parece-lhe ter grande importância (assim como a limitação das estadas no harém!). Segundo o mestre, deve-se preferir o peixe às carnes gordurosas porque uma digestão difícil complica os distúrbios da asma; do mesmo modo, o ar puro e seco é favorável à redução das crises. Atualmente, estas considerações parecem-nos de uma evidente banalidade, mas essa impressão resulta da conformidade dos conselhos prodigalizados com o que já está comprovado.

Além disso, observa-se que, ao praticar sua arte de médico, Maimônides não se preocupou com motivações religiosas; aliás, sempre se opôs vigorosamente a que se confundisse as funções espirituais do rabino e a função do médico, sobretudo quando são desempenhadas pela mesma pessoa. Essa posição corrobora sua condenação de qualquer tipo de prática taumatúrgica e de magia. Assim, no *Tratado sobre a asma*, acaba por preconizar o consumo de alimentos proibidos pela religião. "Que pena, Senhor", diz ele ao soberano, "que Vossa Alteza não possa consumir um copo ou dois de bom velho vinho! Eis o que seria excelente para vossa saúde". Não é verdade que, aos correligionários que sofriam de asma, aconselhava o consumo de carnes proibidas, tal como vísceras de ouriço(!)?

Em várias ocasiões, Maimônides manifestou até que ponto seu pensamento estava avançado em relação às idéias de seu tempo – por exemplo, ao desaconselhar os purgativos violentos, as lavagens excessivas e, sobretudo, ao condenar a sangria. No entanto, muito tempo depois, os médicos continuaram prescrevendo o clister e a sangria como terapêuticas prediletas; apesar de terem servido de inspiração a Molière, que criou belos efeitos cômicos a partir de tais práticas, foram também a causa de várias tragédias. Assim, no século XVII, quinhentos anos depois da publicação do tratado maimonidiano, madame de La Fayette relatou como Henriette da Inglaterra morreu tragicamente por ter sido submetida a um número exagerado de sangrias. No entanto, o "médico de Córdoba" já havia escrito o seguinte:

> O hábito da diurese e sangria ou a absorção de líquidos purgativos constituem graves erros e não são aconselhados pelos bons médicos... A utilização abusiva da sangria e da purgação já está ultrapassada.

Parece que os médicos da corte de Luís XIV ainda não se tinham apercebido disso.

Mas, sem dúvida, a segunda parte do tratado é a que apresenta o maior interesse; no texto, pode-se ler que, além de ser uma doença do corpo, a asma é igualmente uma doença da mente (eis a definição mais correta do caráter – em parte psicossomático – dessa afecção).

> Temos conhecimento da importância das emoções, na medida em que a ação do sofrimento moral enfraquece as funções psíquicas e físicas... A alegria e o prazer provocam o efeito contrário e fortalecem o moral e os movimentos do sangue e da mente.

Sem dúvida, para respeitar a ética aristotélica da "justa medida", convém evitar "o comportamento dos ignorantes e débeis mentais" que se deixam arrastar por um desses extremos, ou seja, a tristeza excessiva ou o abuso do prazer.

Em todo caso, a asma agrava-se com o excesso de angústia. Qual será o remédio apropriado?

> A terapêutica depende de outras especialidades [além das médicas], tais como o estudo das virtudes, elaborado pelos filósofos ou por aqueles que se ocupam da ética.

Com as categorias de seu tempo, Maimônides incitava todos os que sofriam de asma a empreender uma cura baseada em entrevistas com especialistas que não chegaram a ser bem definidos por ele: filósofos, especialistas das virtudes e da ética, em poucas palavras, pessoas que se ocupavam da correta regulação da fruição humana e, atualmente, são denominadas *psicoterapeutas* ou psicanalistas.

Portanto, o tratamento da asma preconizado por Maimônides – paralelamente à terapêutica médica, em sua essência higiênica e preventiva – é, por antecipação, uma psicoterapia.

Qual será o objetivo dessa cura?

> Não há dúvida de que, por esses métodos, o doente ficará mais bem curado em todos os casos e será também mais bem preservado das afecções psíquicas, graças aos cuidados competentes dos cientistas que têm conhecimento tanto da natureza de tais afecções quanto do método que convirá aplicar para salvar a vida e evitar as nocividades. É assim que o ensinamento dos filósofos há de manter o homem afastado das emoções; este não se sentirá enervado, à semelhança de um animal, pela tristeza ou pela alegria, como acontece com as pessoas vulgares.
>
> Do mesmo modo, graças à moral e ao ensinamento ético, observamos o mundo e o que ele contém com outro olhar, independentemente das situações de felicidade ou infelicidade, porque, no fundo, esses dois estados não existem. Assim, não devemos pensar demais nisso, nem nos

regozijar, nem nos entristecer com esses eventos porque sua importância depende apenas de nossa imaginação; após uma análise realista, apercebemo-nos de que não passam de pilhéria e brincadeira que se esvaem como a noite.

A conclusão do *Tratado* é também surpreendente; ela contém a chave da etiologia do mal, tal como Maimônides a concebia:

> Minha intenção consistia em levar Vossa Alteza a usufruir de uma verdadeira felicidade e evitar uma verdadeira infelicidade – sobretudo quando Vossa Alteza vier a sentir um grande desgosto ou uma grande aflição – porque esses estados não serão curados pelos regimes habituais, nem por medicamentos... Vossa Alteza deverá estar precavido e *rejeitar o temor exagerado da morte*.[29]

Esse "temor exagerado da morte" seria, portanto, a causa psíquica da asma (paralelamente aos fatores somáticos). É difícil deixar de relacionar esta noção com o que, oito séculos depois, Freud enunciou sob o conceito de "angústia de castração", cuja representação psíquica, dizia o mestre vienense, é precisamente o temor exagerado da morte.

Assim, seja qual for o aspecto considerado – religioso, filosófico ou médico –, a obra de Maimônides oferece incessantemente diferentes perspectivas que interpelam e prendem a atenção do leitor de nossos dias; à semelhança do que ocorre com qualquer pensamento relevante, realmente autêntico, tal circunstância confere a Maimônides uma permanente atualidade.

---

29. Estas citações são extraídas da tradução francesa – feita por Sussman Muntner e Isidore Simon – do *Traité de l'asthme*, publicada nos números 62 a 67 da *Revue d'Histoire de la Médecine Hébraïque*, entre 1963 e 1965; grifo nosso.

5
Maimônides, a política e a história

Teólogo, filósofo, rabino e médico, Maimônides poderia ter sido apenas uma dessas figuras de eruditos que deixam surpreendido o homem moderno – espécie que era possível encontrar na Idade Média e Renascimento, mas aparentemente extinta. Tais homens viviam, em geral, retirados em uma "torre de marfim" (*yeshiva* ou monastério), consagrando sua vida ao estudo e à meditação. No entanto, Maimônides foi também um homem público e um juiz respeitado; sua envergadura intelectual e moral, assim como sua preocupação pela sorte cotidiana dos homens, transformaram-no em um dos mais venerados dirigentes judeus de sua geração, cuja reputação transpôs as fronteiras do Egito, onde ele residia. Além dessas qualidades, tinha um pensamento político adaptado às condições de vida do povo judeu enquanto *pária* – tal como este termo é entendido por Max Weber.

A definição desse pensamento de Maimônides e, paralelamente, de sua concepção da história, não é menos complexa do que a dos outros componentes de sua obra; de novo, deparamo-nos com detalhes aparentemente contraditórios. Em tais concepções, distinguiremos esquematicamente três níveis, a partir da vida cotidiana concreta até os aspectos mais teóricos e abstratos. De um a outro pólo, constataremos a passagem de um pragmatismo

razoável para alguns arroubos utópicos, os quais, segundo
Y. Leibowitz – maimonidiano contemporâneo por excelência –, não lhe despertariam nenhum interesse.

A esta primeira polaridade (vida cotidiana/utopia), sobrepõe-se uma outra que diz respeito às duas vertentes da ação política: a voltada para o mundo exterior, isto é, não judeu (freqüentemente malévolo, embora contenha também suas oportunidades, tais como as vantagens oferecidas pelo poder benevolente de Saladino – disponíveis para quem souber aproveitá-las); e a dirigida para o interior da comunidade judaica.

1. O *próximo*

O primeiro nível é, portanto, o da ação cotidiana concreta. Médico respeitado da Corte, Maimônides usou de sua influência em favor dos membros de seu povo, particularmente os mais desfavorecidos, a fim de que estes pudessem levar uma existência aprazível no reino governado com sabedoria e tolerância por Saladino e por seus representantes no Cairo. No entanto, sua intervenção vigorosa em favor dos judeus iemenitas perseguidos (aliás, alguns, arrastados pelo desespero, precipitaram-se na aventura messiânica) foi decisiva para amenizar sua sorte; tal atitude ainda hoje é reconhecida já que, na prece cotidiana, eles intercalam uma fórmula de graças à memória de "Moisés Ben Maimon, [nosso] benfeitor".

Maimônides, porém, não era um "judeu da Corte" como Chasdai Ibn Shaprut ou Shomuel Ha-Naguid – e, mais tarde, Crescas ou Abravanel –, que viviam na Corte dos príncipes (muçulmanos ou cristãos) de seu tempo; ele não se ocupava das finanças, nem da diplomacia, nem fez fortuna. Seu papel era estritamente espiritual e médico; em Maimônides não se encontra nenhum vestígio de obsequiosidade em relação ao príncipe. É verdade que, no *Tratado sobre a asma*, existem algumas marcas de deferência pelo soberano que lhe havia encomendado tal estudo; no entanto, Maimônides não hesita em mencionar explicitamente no texto que, além da pessoa do príncipe, seu objetivo é ser útil aos asmáticos em geral. Em poucas palavras, esse *Tratado* não deve ser considerado como bem exclusivo do soberano, mas parte do saber médico em geral.

2. O afastado

É em um segundo plano que o pensamento teológico-político de Maimônides revela-se como o mais original, acarretando um grande número de conseqüências para a história do povo judeu. Encruzilhada de considerações práticas com reflexão teórica, este aspecto está na origem das duas célebres epístolas, escritas em momentos trágicos da história judaica: a *Epístola sobre a apostasia* e a *Carta aos judeus do Iêmen*. Nesses textos – em particular, no primeiro – dirigidos à população, Maimônides tentou esboçar a linha de conduta política que deveria ser adotada pelo povo judeu enquanto "pária" nas fases mais agudas da perseguição.

Segundo a *Epístola sobre a apostasia*, diante da ameaça de morte proferida por alguém que professa a fé monoteísta, como é o caso do Islã, o perseguido não deveria hesitar, escolhendo a conversão de fachada; diante do assaltante que exige "a bolsa ou a vida", convém abandonar a bolsa e imediatamente fugir dessa má vizinhança.

Esta diretriz foi fundamental para orientar os judeus, não só no século XI, mas também nos séculos XIV e XV, quando as perseguições promovidas pela Inquisição substituíram as dos almôadas; ela acabou servindo de referência para os *conversos*.[1]

---

1. Esta palavra é preferível ao termo "marrano" – vocábulo espanhol injurioso (já que significa "porco") – para nos referirmos aos convertidos sob

No entanto, Maimônides não havia previsto que as conversões, mesmo dissimuladas, nunca são inocentes; às vezes, os filhos dos *conversos* tornaram-se autênticos e ilustres cristãos (foi o caso, por exemplo, de Santa Teresa de Ávila). Outro fenômeno de grande importância somou-se ao precedente, a saber: até mesmo os marranos que retornaram à sua fé, na Holanda ou alhures, descobriram sua diferença em relação aos outros judeus por estarem marcados indelevelmente por sua experiência cristã; no entanto, desempenharam um importante papel na passagem para a modernidade e na implantação da laicidade. O mais célebre exemplo dessa nova relação com o mundo é, sem dúvida, o de Espinosa; o jogo das máscaras, essencial enquanto constitutivo da *subjetividade moderna*, encontra sua origem na resistência "flexível" à perseguição, no marranismo, ou seja, no fim das contas, na obra de Maimônides.

Apesar de ter sido marcante no momento de sua publicação, além de ter contribuído para neutralizar a agitação messiânica no Iêmen e as desastrosas represálias que poderiam ter resultado dessa situação, a *Carta aos judeus do Iêmen* não teve infelizmente, a longo prazo, a influência exercida pela precedente. Nesse texto, como já afirmamos, Maimônides denunciou algumas concepções escatológicas delirantes do messianismo que reinavam no judaísmo; no entanto, esse ensinamento permaneceu, praticamente, letra morta. Os movimentos messiânicos desse tipo não cessaram de se multiplicar, mesmo entre os pensadores que se pretendiam seus discípulos, como Abraão Abulafia; outro homem tão prestigioso e objetivo como Isaac Abravanel chegou a declarar o fim dos tempos para o ano de... 1503.

---

pressão; o hebraico utiliza um termo ainda mais preciso, *anus*, que significa "oprimido", até mesmo "violado".

Esses delírios culminaram com a aventura de Sabatai Tzvi, na Turquia, e seu prolongamento, em território cristão, com Jacob Frank.²

Assim, as intervenções de Maimônides na história concreta refletem uma lucidez e um pragmatismo únicos dentro do mundo judaico; elas procuram tratar a vida humana com deferência, contornando os mais graves perigos. Apesar das tragédias vividas na Espanha e no Marrocos, Maimônides nunca abandonou seu sangue-frio, nem a análise ponderada dos acontecimentos que teve de enfrentar; sem dúvida, em sua atitude é possível adivinhar uma visão pessimista e trágica da História. Mas esta, como afirmava o historiador E. Gibbon*, não será a conseqüência dos crimes e loucuras do homem?

3. A *utopia*

Em um terceiro plano, encontramos os escritos políticos propriamente teóricos de Maimônides, que se situam na esfera da utopia. Uma importante parte do *Mishné Torá* (o tratado *melakhim*, ou "dos reis"), aborda a legislação que deveria ser aplicada na época do *restabelecimento da dinastia de Davi* sobre o povo judeu quando recuperasse sua independência, ou seja, no advento dos tempos messiânicos. Daí é possível deduzir que, em sua opinião, a monarquia seria o melhor dos sistemas políticos...

Aparentemente, o monarquismo de Maimônides encontra sua origem em certas tradições judaicas que retomam determinadas profecias – em particular as de Isaías –, segundo as quais a redenção do povo judeu será realizada

---

2 Cf. neste livro, p. 89.

* Edward Gibbon (1737-1794), historiador inglês, autor de *Declínio e queda do Império Romano*. Cf. *Pequeno Dicionário Enciclopédico Koogan Larousse*, op. cit. (N. T.)

sob a autoridade de um rei da linhagem davídica. No entanto, a Bíblia encerra também – sobretudo no Livro de Samuel – uma violenta crítica contra o sistema monárquico. Na verdade, essa preferência de Maimônides pela monarquia provém, igualmente, da outra fonte de seu pensamento: Aristóteles, lido e comentado por al-Farabi. De fato, esses dois pensadores afirmavam que o sistema político monárquico constituiria o melhor regime de governo: para o povo, o rei seria o que o coração é para o corpo humano e Deus para o conjunto da criação.

Segundo Maimônides – cuja inspiração, neste ponto, vem de *A República,* de Platão –, este rei seria uma síntese de profeta e de filósofo; evidentemente, o dirigente ideal é Moisés.

4. *O familiar*

Abordemos agora o outro sistema de polaridade: o que opõe a ação política voltada para o mundo exterior não judaico àquela dirigida para o interior do povo judeu. É certo que uma das grandes questões enfrentadas não só por Maimônides, mas também pela maioria dos grandes dirigentes judeus antes e depois dele consistiu em garantir a coesão de seu povo que, além de disperso e perseguido, vivia submetido a fortes tensões internas, decorrentes em grande parte da profunda separação entre elite e massa; a unidade desse povo deveria ser restabelecida evitando o nivelamento, seja pelo alto ou por baixo.

Incontestavelmente, Maimônides alimentava a ambição de formar uma elite, firme em sua fé e em sua fidelidade às tradições, mas também instruída em todas as disciplinas da época e aberta ao diálogo com todos os povos. Ao evocar em uma de suas cartas "o bando de idiotas que governam nossa Torá" – alusão transparente aos exilarcas de Bagdá, embora esse julgamento possua, em nossa opinião, um valor geral e duradouro –, ele dava a entender, com pena, o quanto eram medíocres as elites judaicas de seu tempo; aliás, um dos móbeis da redação do *Guia* foi, com toda a certeza, suscitar uma nova elite judia.

Por levar em consideração a separação elite/massa, Maimônides chegou ao ponto de elaborar uma dupla teologia: para o integrante da elite, a fé em Deus e seu serviço devem ser concebidos como totalmente desinteressados. De fato, a recompensa pelo serviço de Deus é o próprio serviço, como fim em si, e o modelo perfeito dessa fé nos é fornecido por Abraão no momento do "sacrifício" de Isaac, exatamente no instante em que o patriarca se dá conta de que todas as promessas divinas ficavam sem efeito. Por sua vez, o homem comum só consegue conceber Deus como um benfeitor ou como aquele que castiga o pecador; portanto, o respeito pela Lei deve traduzir-se em benefícios, e sua transgressão em punição. É claro que tal concepção tem algo de chocante para um contemplativo como Maimônides; nem por isso ele deixou de considerá-la aceitável.

Como foi desenvolvido por Y. Leibowitz, esta noção de uma dupla concepção da fé – desinteressada para o integrante da elite, interesseira para o homem comum – já se encontrava afirmada no quadro bíblico do judaísmo, no credo do *Shema Israel* [Ouve, ó Israel]. De fato, tal credo é composto por três perícopes: na primeira (*Deuteronômio*, 6,4), trata-se apenas do amor de Deus, sem qualquer menção a recompensa ou castigo; ela corresponde à primeira forma da fé, ou seja, desinteressada. Em compensação, a segunda parte (*Deuteronômio*, 11,13) desenvolve a idéia de que a observância dos mandamentos é a condição para conseguir uma vida próspera e agradável, e que sua transgressão acarretará uma série de castigos, detalhados pelo texto, o mais grave dos quais é a perda da independência, a dominação por outro povo e o exílio.

No entanto, o mais importante aglutinador do povo judeu – aquilo que orienta toda a sua energia a serviço do Deus-Uno, para além das divergências teológicas, muitas vezes profundas que o dividem – é a prática dos *mitzvot* ou mandamentos: manifestação concreta e voltada para o mundo exterior do serviço divino. Maimônides filósofo, mente magnânima e aberta, era irredutível quanto ao respeito por tais mandamentos: os *mitzvot* não são somente a expressão da fé em Deus, mas desempenham um papel determinante na manutenção da coesão do povo judeu e de sua especificidade em relação aos outros monoteísmos.

5. *O antípoda*

Portanto, paralelamente a este esboço de pensamento político, encontra-se na obra de Maimônides uma certa concepção da história, cujo estudo foi feito pelo historiador do judaísmo Salo Baron; suas conclusões foram evocadas no livro *Zakhor*, escrito por seu discípulo Haïm Yeroushalmi. Em Maimônides, ele identifica um certo menosprezo em relação à história: de fato, esta nada ensina a não ser a si mesma; assim, revela-se estéril a pretensão de extrair regras a partir de situações passadas para resolver problemas atuais. A propósito da história, manifesta-se a antipatia geral votada por Maimônides à ciência pura; além disso, a idéia de um determinismo histórico não poderia senão ser rejeitada por este ferrenho adepto da liberdade humana. Em todo caso, o dirigente político não pode, de modo algum, inspirar-se nas "lições da História" para orientar sua ação. Como conseqüência dessa postura, verificou-se, durante séculos, a falta de vocação pelos estudos históricos no povo judeu, apesar do ilustre exemplo do fariseu Flávio Josefo.* Foi necessário esperar pelo século XIX para que reaparecesse uma escola judaica de História dentro da "ciência do judaísmo".

Para resumir este esboço de análise do pensamento político de Maimônides, sublinharemos as seguintes grandes linhas: pragmatismo ao evitar, tanto quanto possível, os confrontos perdidos de antemão contra as perseguições; desconfiança em relação à impaciência messiânica; e a percepção da separação estrutural entre elite e massas que convém contrabalançar pela prática universal e homogênea dos mandamentos. Esta linha de conduta seria pouco seguida, infelizmente, pelos dirigentes judeus que o sucederam. Digno de ser sublinhado – aliás, vamos retomá-lo mais adiante –, foi o caso de dom Isaac Abravanel, sob certos aspectos distante discípulo de Maimônides, mas que, infelizmente, acabou contribuindo para que voltassem à ordem do dia as falsas promessas do messianismo escatológico.

---

* Historiador judeu (Jerusalém, c. 37 d.C. – Roma, depois do ano 100). Comandante na Galiléia durante a guerra contra os romanos, acabou por instalar-se em Roma; nessa cidade, escreveu *Guerra dos judeus* e *Antigüidades judaicas*. Cf. *Le Petit Larousse Illustré*, Paris, 2002. (N. T.)

6
Os comentadores

Desde seu aparecimento, os escritos de Maimônides na área da religião, filosofia e medicina foram muito comentados; esta exegese nunca chegou a ser interrompida e, aparentemente, acabou ganhando um renovado interesse no século XX.

Autores cristãos e muçulmanos citaram e discutiram reiteradamente os textos do mestre de Córdoba; no entanto, os pensadores judeus, independentemente de sua orientação religiosa e filosófica (incluindo, nos tempos modernos, aqueles que se desligaram da crença religiosa), é que, na essência, lhe consagraram os mais importantes estudos, colocando-o muitas vezes no centro de suas reflexões e pesquisas. Apesar de seu prestígio e de ter suscitado o respeito entre representantes de todas as confissões, crenças e correntes, Maimônides permanece essencialmente um autor judeu; após a Bíblia e o Talmude, seus textos é que têm sido comentados com maior freqüência...

Observemos de saída esta circunstância relevante: a obra de Maimônides foi concebida em um ambiente estritamente muçulmano, enquanto a de seus principais comentadores o foi em um contexto principalmente cristão, seja no Norte da Espanha ou no Sul da França (região designada pela tradição rabínica como Provença, ainda que se trate do Languedoc).

O rápido sobrevôo por essa exegese deixa a impressão de que alguns discípulos de Maimônides primaram pela sua fidelidade ao mestre e não tanto por seu talento; no entanto, rapidamente o pensamento maimonidiano teve de enfrentar no mundo judeu a crítica frontal de opositores declarados (não só dos rabinos tacanhos e sectários do Norte da França, mas também de homens verdadeiramente talentosos, como Chasdai Crescas), além de sofrer uma sutil ação que a língua inglesa definiria de maneira mais precisa como *containment* (reserva, refreamento) que acabou desnaturando seu alcance.

Além da contra-ofensiva dos círculos conservadores que ocasionou a *Controvérsia*, dois fatores vão pesar sobre a transmissão do maimonidianismo.

O primeiro foi o desenvolvimento do averroísmo entre os filósofos judeus que, através desse pensador árabe, descobriram um aristotelismo mais "puro", desembaraçado da influência de um certo neoplatonismo que Maimônides havia herdado de Avicena e al-Farabi, incidindo particularmente sobre "o" político; o segundo fator, muito mais importante, foi a proliferação da especulação cabalística ou gnóstica.

Assim, durante três séculos – e até a catástrofe que foi a expulsão dos judeus da Espanha –, assistimos ao desenvolvimento de uma ampla literatura multifacetada, a respeito da qual convém fornecer algumas informações sumárias. No âmbito deste estudo introdutório, limitar-nos-emos aos comentários filosóficos, deixando de lado a análise das elaborações sobre a jurisprudência rabínica, ou seja, a exegese do *Comentário sobre a Mishná*, do *Mishné Torá* e das *Responsa* de Maimônides.

1. Os comentadores medievais

1.1. Abraão Abulafia (1240-c. 1291)

Nascido em Saragoça, em 1240 (a data de sua morte, ocorrida depois de 1291, não é conhecida com exatidão), Abulafia é, sem dúvida, a mais estranha e interessante personagem do imediato pós-maimonidianismo. Trata-se de uma das grandes figuras fundadoras do esoterismo judeu espanhol, criador de uma corrente da Cabala denominada "simbólica" ou "profética" por Gershom Scholem[1], e cuja meditação incidia essencialmente sobre as letras do alfabeto. Pesquisas recentes (em particular as de Moshé Idel) permitiram um conhecimento mais aprofundado desse autor; ora, paradoxalmente, esse eminente cabalista considerava-se, antes de tudo... maimonidiano. Segundo Abulafia, o *Guia* faz parte da literatura cabalística; portanto, sobre esse texto, ele escreveu um comentário "místico", *Sitrei Torá* [*Os segredos da Torá*]. Para esse pensador, como para seu discípulo Joseph Gikatila, a Cabala profética – da qual ele era o porta-voz – extraía sua inspiração da obra de Maimônides e em particular do *Guia*.

Abulafia era habitado por uma intensa febre messiânica e sem dúvida considerava-se o próprio messias; fortalecido por tal convicção, dirigiu-se a Roma para visitar o papa Nicolau III a fim de solicitar-lhe melhor tratamento aos judeus; com a morte do papa, escapou miraculosamente da fogueira que já lhe tinha sido destinada pelo pontífice.[2]

A doutrina de Abulafia foi, é claro, violentamente criticada por numerosos rabinos; alguns chegaram mesmo

---

1. Cf. Gershom Scholem, *Les grands courants de la mystique juive*, trad. francesa M.-M. Davy, Paris, Payot, 1977, cap. IV.
2. Id., ibid., p. 143.

a chamá-lo de "charlatão". Sua doutrina não deixou de exercer uma profunda influência sobre o judaísmo, e G. Scholem considerava Abulafia como o mais importante cabalista antes da aparição da doutrina de Itzhaq Louria.

O inusitado da situação reside no fervor que Abulafia experimentava por Maimônides; aparentemente, não levou em consideração a condenação proferida pelo mestre de Córdoba contra o messianismo escatológico e o cálculo relativo à data do advento messiânico e do final dos tempos (prevista por Abulafia, com toda a certeza, para o ano de 1290), assim como a condenação da numerologia ou *gematria* que, afinal, constitui um dos pilares da doutrina do esotérico saragoçano. Como compreender esta violenta contradição? Ela exprime, certamente, o prestígio de Maimônides nos mais diversos círculos do judaísmo, em especial na Espanha; para muitos, a afiliação mais ou menos direta a seu pensamento parecia incontornável. Ilustra, também, o abismo que pode separar o ensinamento de um mestre e sua compreensão pelo mais convicto discípulo. No entanto, tudo isso não passa de explicação parcial e, evidentemente, insuficiente. Ao interpretar assim o pensamento maimonidiano, Abulafia manifestava que, além de ser sensível ao autêntico misticismo que animava o teórico da teologia negativa, acreditava, como muitos outros, que os aspectos essenciais da obra de Maimônides estavam dissimulados e deveriam ser decodificados.

Em que sentido? Neste aspecto é que começa a dificuldade. No entanto, observemos que Abulafia e seus discípulos foram os únicos a defender a tese, realmente extravagante, segundo a qual Maimônides teria sido um cabalista enrustido.

1.2. Levi Ben Gherson ou Gersônides (1288-c. 1344)

Esse teólogo provençal do século XIII é uma das mentes brilhantes (em companhia de Crescas) do judaísmo pós-maimonidiano. Gersônides, à semelhança de Maimônides, possuía um perfeito domínio do saber rabínico; além de ter comentado textos de Averróis, foi autor de um volumoso comentário da Bíblia. Chegou a ser qualificado como ultramaimonidiano, mas é, sem dúvida, o mais eminente representante judaico do averroísmo-maimonidianismo. Sua grande obra, *Milkhamot Adonai*, ou *As guerras do Senhor*, é um notável tratado filosófico cujas análises, segundo alguns autores, superariam por sua sutileza as reflexões do próprio Maimônides. Em Gersônides, a filosofia e a ciência encontram-se ainda mais desembaraçadas de qualquer finalidade teológica, enquanto a análise filosófica, para o mestre de Córdoba, permanecia a serviço da fé.

Por seus trabalhos sobre matemática e astronomia (chegou a desenvolver novos instrumentos para a observação dos astros), Gersônides tornou-se o único verdadeiro cientista judeu do final da Idade Média. Numerosas traduções de seus escritos foram feitas para o latim, e sua influência sobre o mundo cristão foi considerável. Apesar de sua profunda originalidade, Gersônides foi talvez o único judeu a dar continuidade, de forma autêntica, à grande abertura empreendida pela aventura maimonidiana. Infelizmente, e apesar dos trabalhos recentes – em particular, na França, as pesquisas de Charles Touati –, a obra desse notável rabino ainda continua pouco conhecida.

1.3. Moisés Ben Yeoshua de Narbonne ou Narboni (1300-1362)

Narboni – conhecido também sob seu nome latino de *Maestri Vidal Belshom* – é, sem dúvida, o mais averroísta dos comentadores de Maimônides. Possuía uma vasta erudição hebraica, acompanhada por um profundo conhecimento da filosofia árabe e especialmente da obra de Averróis; redigiu um comentário do *Guia* no qual esforçava-se por reduzir o pensamento de Maimônides a uma ortodoxia aristotélica mais estrita cujo padrão seria o averroísmo, expurgando-o de seus elementos neoplatônicos.

No entanto, além dessa primeira correção, Narboni pretendeu conciliar o maimonidianismo com a Cabala, em particular a do *Shi'ur Komah*; voltamos a lembrar que esta modalidade era bem conhecida por Maimônides, que a havia condenado formalmente como idolátrica. Evidentemente, tratava-se de uma forma de exagerar o paradoxo.

Com seu estranho duplo sincretismo, a obra de Narboni apresenta-se, ademais, sob uma forma bastante pesada e obscura, sem que se saiba se tais defeitos provêm da falta de clareza involuntária ou deliberada de seu autor, que a reservava a uma elite bem reduzida; em todo caso, ela tornou-se objeto de severas críticas por parte dos comentadores posteriores, em particular de Abravanel.

1.4. Chasdai Crescas (?-1412)

Em várias ocasiões, já evocamos esse personagem, fascinante sob diferentes aspectos. Sem data de nascimento conhecida, ele faleceu em 1412. Crescas foi, provavelmente, o pensador mais profundo e original que a maravilhosa civilização judaica espanhola produziu após Maimônides.

Crescas não pode ser considerado um discípulo, nem mesmo distante, do mestre de Córdoba; ao contrário, foi ele quem dirigiu as mais radicais críticas contra a doutrina filosófica de Maimônides, refutando filosoficamente a do próprio Aristóteles.

Crescas era originário de Barcelona. Comerciante e judeu bastante piedoso, ele foi poeta e um dos principais dirigentes do judaísmo espanhol, desta vez em terra cristã. Chegou a freqüentar a Corte de Aragão; em seguida, exerceu as funções de rabino em Saragoça. Em 1391, na sua terra natal, ocorreram violentos *pogroms*, no decorrer dos quais pereceu seu filho único; na seqüência de tais motins racistas, o rei de Aragão encarregou Crescas de reconstruir e reorganizar as comunidades judaicas desmanteladas de Barcelona e Valência, assim como as das outras cidades espanholas que haviam sofrido perseguição. Durante muitos anos, Crescas dedicou-se a essa imensa atividade – política e comunitária – que, sem dúvida, o impediu de produzir a grande obra que trazia dentro de si, se levarmos em consideração a qualidade e importância do único grande tratado que nos legou, *Or Adonai* ou *Luz do Senhor*.

Apesar de admirar Maimônides e a grandeza de sua obra, Crescas empreendeu uma refutação de sua doutrina. Para citarmos um só aspecto – aliás, o mais conhecido –, Crescas rejeitava a idéia maimonidiana de livre-arbítrio já que, segundo ele, o homem estaria submetido ao estrito determinismo da vontade divina.[3]

Crescas foi também um cientista; seus trabalhos na área da matemática anunciam as teorias de Cantor sobre os números transfinitos.

1.5. Dom Isaac Abravanel (1437-1508)

Isaac Abravanel foi o último representante do resplandecente judaísmo espanhol e testemunha de seu desaparecimento na irreparável catástrofe (tanto para o povo judeu quanto para toda a Europa) da expulsão dos judeus da Espanha, em 1492.

---

3. Shlomo Pinès (in *La liberté de philosopher*, op. cit.) defendeu a idéia de que Crescas foi influenciado pela filosofia escolástica do franciscano Duns Escoto, cuja doutrina opõe-se à de Tomás de Aquino.

O destino de Isaac Abravanel é particularmente rico e estranho, dividido entre uma atividade transbordante de político e financista, por um lado, e, por outro, uma importante pesquisa como exegeta bíblico e teólogo. Apesar do gosto pelo poder e pela riqueza manifestado durante toda a sua vida, Abravanel não hesitou em sacrificar tudo isso quando sua fé judaica pareceu ser questionada. Fez estudos rabínicos e havia começado um comentário ao Pentateuco quando se tornou o conselheiro de confiança do duque de Bragança e, em seguida, do rei de Portugal; em decorrência da deposição do duque, Abravanel foi obrigado a fugir para a Espanha.

Em 1484, ele aceitou servir de conselheiro financeiro na Corte dos Reis Católicos, Fernando e Isabel; a pouca lucidez dessa decisão suscita alguma surpresa na medida em que, por um lado, as fogueiras da Inquisição já estavam sendo utilizadas e, por outro, os judeus e os *conversos* sofriam as mais cruéis perseguições. Alguns anos depois, tal cegueira foi compensada por sua irrepreensível atitude no momento da expulsão decretada em 1492: enquanto alguns "judeus da Corte" aceitaram o batismo, Abravanel foi irredutível e preferiu embarcar para o exílio na companhia de milhares de infelizes.

Tendo encontrado refúgio na Itália, ele ocupou novamente altas funções, em primeiro lugar no Reino de Nápoles e em seguida na República de Veneza.

No entanto, paralelamente a essa vida pública tão intensa e agitada, respaldado em uma capacidade de trabalho fora do comum, Abravanel prosseguia uma intensa atividade como escritor, essencialmente na área exegética; em sua juventude, já havia redigido um comentário sobre o *Guia dos perplexos*.

Aparentemente, Abravanel inscreve-se na linhagem maimonidiana por sua vasta erudição universal, seus conhecimentos filosóficos e pela homenagem que presta ao mestre de Córdoba. Mas, na verdade, seu pensamento constitui uma verdadeira negação dos pontos essenciais da doutrina maimonidiana. Citemos sua concepção da profecia como fenômeno sobrenatural, do mesmo modo que sua crença na intervenção miraculosa do divino na história humana e, de forma mais geral, sua crítica contra a influência perniciosa da filosofia grega.

Ainda mais grave parece ser a importância que ele atribuía à astrologia – segundo Maimônides, a falsa ciência por excelência – e, paralelamente, à Cabala. Assim, escorado em ambas, Abravanel determinou, com toda a certeza, a data do advento messiânico: 1503!

Portanto, esses escritos forneceram um novo vigor ao pensamento messiânico, cujo ovo da serpente eclodiu um século depois sob a forma do sabataísmo, na comunidade originária da Espanha instalada no Império Otomano (ainda hoje, os judeus residentes na Turquia prestam um verdadeiro culto a Abravanel, embora este nunca tenha visitado as comunidades implantadas na Ásia Menor).

Sem dúvida, estas especulações de Abravanel, bastante delirantes, surgiram em decorrência do intolerável sofrimento causado pela Inquisição, do martírio dos judeus espanhóis e da destruição definitiva de uma brilhante civilização plurissecular. Qual sentido atribuir a tais desgraças? Como um dirigente político e espiritual da envergadura de Abravanel poderia responder à dor de seus compatriotas? Houve quem pretendesse considerar a concepção messiânica de Abravanel como uma tentativa de consolo a tais sofrimentos. No entanto, observemos que, tendo sido também testemunha de massacres e da destruição não menos trágica da civilização judaico-árabe espanhola, na época da conquista da Andaluzia pelos almôadas, Maimônides soube evitar tal espécie de fuga para o irracional, e sua palavra acabou exercendo sobre as mentes de seu tempo tanto efeito quanto a de Abravanel sobre seus contemporâneos, quatro séculos depois.

Entre sua brilhante descendência conta-se o filho Judá Abravanel – mais conhecido como Leão Hebreu –, que desempenhou um ativo papel no Renascimento italiano; autor dos *Dialoghi d'amore*, manteve relações com Pico della Mirandola e Giordano Bruno.

Com Abravanel, acaba-se, ao mesmo tempo, a Idade Média e a descendência direta de Maimônides, tão plena de conflitos e contradições; encerra-se também essa página da história judaica em que teólogos, mantendo-se fiéis a sua fé até o martírio, estavam abertos a todos os saberes de seu tempo, sofrendo sua influência e agindo sobre eles em uma viva simbiose.

Essa experiência não foi renovada antes dos tempos modernos; acontece que, dessa vez, tratava-se de judeus em ruptura com a tradição rabínica, o que não havia ocorrido em nenhum dos exemplos que acabamos de apresentar.

2. *Os comentadores da época moderna*

A influência de Maimônides não cessou com o final da Idade Média; pelo contrário, parece que, desembaraçado de certa ganga opressora do conformismo religioso, seu pensamento veio a conhecer um novo vigor junto aos pensadores judeus que escolheram a modernidade, rompendo com a estrita tradição. Maimônides serviu de referência, de articulador para permitir a conciliação entre uma certa afiliação ao judaísmo e a implantação nesta modernidade. Assim, todos os eruditos judeus têm, fatalmente, contas a ajustar – na verdade uma dívida – com Maimônides; de certa maneira, é sob o estandarte do *Guia* que os judeus abandonarão o gueto a fim de entrar, para o melhor e para o pior, na arena européia.

No entanto, daí em diante, os comentários sobre a obra de Maimônides escaparam ao domínio exclusivamente rabínico (mesmo que eles continuem no plano da legislação rabínica).

2.1. Moses Mendelssohn (1729-1786)

Ao chegar a Berlim, com dezesseis anos – para seguir seu mestre, o rabino David Fraenkel –, Mendelssohn possuía, como única bagagem intelectual, seu conhecimento do Talmude, do *Guia dos perplexos* e dos outros escritos de Maimônides. Tendo produzido uma obra filosófica "alemã" que foi lida, admirada e traduzida em vários idiomas, além de ter travado amizade com Lessing[4] e merecido observações elogiosas de Kant, ele se inspirara em seu longínquo predecessor reatando, em sua obra "hebraica", com o comentário bíblico filosófico.

Por volta de 1760, publicou um primeiro tratado em hebraico, *O pregador da moralidade*, e, em 1761, lançou um importante comentário sobre o *Tratado de lógica* de Maimônides, do qual adotou as conclusões.

Permanecendo fiel ao judaísmo e a seus ritos, Mendelssohn foi reconhecido como o inspirador de uma verdadeira revolução cultural do povo judeu, conhecida sob o nome de *Haskala*, pela qual os judeus ingressaram de forma espalhafatosa na modernidade; ele é considerado o "pai das Luzes judaicas" (expressão proposta pelo historiador Heinrich Graetz).

Ora, a referência judaica mais segura e maciça de Mendelssohn foi, com toda a certeza, Maimônides, cujas obras estudou profundamente: seu exemplar do *Guia* está abundantemente anotado e seu importante comentário sobre o *Tratado de lógica* é precedido por uma longa introdução em que, explicitamente, reconhece a afiliação a seu distante predecessor.

---

4. Cf. neste livro, cap. 1, nota 5.

2.2. Salomon Ben Josuah, chamado Maimon (1753-1800)

Durante certo período, este filósofo foi aluno de Mendelssohn, que o acolheu no círculo de seus ouvintes antes de rejeitá-lo por causa de sua vida dissoluta.

Ele havia escolhido o pseudônimo de Maimon em honra de Maimônides que, segundo sua afirmação, tinha-lhe permitido "liquidar suas últimas seqüelas de superstição". Em *A história de minha vida*, fala do mestre de Córdoba nos seguintes termos:

> Este efeito benéfico foi produzido em mim, antes de qualquer outra coisa, pelos escritos do célebre Maimônides. Minha estima por esse grande Mestre atingiu tal dimensão que eu o considero como o ideal do homem perfeito e penso que suas doutrinas são inspiradas por Deus. Tal consideração foi tão longe que, tendo sido dominado totalmente por minhas paixões e concupiscência, que me levaram a procedimentos em contradição com o ensino do Mestre, acostumei-me a recorrer, à guisa de antídoto eficaz, ao seguinte juramento: *"Juro, pelo respeito que devo a meu grande Mestre, Moisés Ben Maimon, não cometer tal ato."* Se não me falha a lembrança, tal juramento sempre foi suficientemente persuasivo para conter meus impulsos.

No entanto, Salomon Maimon não se contentou com essas fórmulas conjuratórias, e também redigiu dois comentários sobre o *Guia* – um em hebraico, e o outro em alemão. Seu maimonidianismo reflete a influência do pensamento predominante em sua época, ou seja, o de Kant. Aliás, foi por ter merecido a apreciação bastante favorável desse pensador que uma de suas obras acabou sendo publicada; e que diferentes revistas colocaram suas colunas à disposição desse estranho filósofo judeu.

Depois de ter influenciado Fichte e a filosofia idealista alemã, Salomon Maimon caiu no esquecimento durante o século XIX, antes de ser redescoberto no século XX.[5]

Maimon foi considerado herético pelos rabinos de seu tempo; em conseqüência da excomunhão, perdeu o direito de sepultura em um cemitério judeu.

2.3. Nachman Krochmal (1785-1840)

Filósofo e historiador, Krochmal foi um dos principais líderes da *Haskala*. Autodidata, marcado pelo pensamento de Kant e Hegel, sua principal referência filosófica também foi Maimônides. O título de sua obra-mestra, *O Guia dos perplexos de nosso tempo*, indica claramente a origem de sua inspiração; no entanto, o essencial de seu pensamento foi transmitido oralmente a um círculo de amigos e estudantes. Sua principal preocupação consistiu em compreender o papel histórico do judaísmo através dos séculos. Nachman Krochmal é considerado um dos mais importantes pensadores judeus do século XIX.

2.4. Salomon Munk (1803-1867)

Tendo nascido na Silésia e estudado em Berlim, Munk instalou-se em Paris em 1828; nessa cidade, foi logo contratado para a Bibliothèque Nationale como responsável pelos manuscritos científicos. Em 1850, ficou completamente cego, o que não o impediu de empreender, durante dezessete anos, prodigiosos trabalhos que o levaram a ser eleito para a Académie des Inscriptions et Belles Lettres; mais tarde, em 1864, substituiu Ernest Renan como professor de hebraico e siríaco no Collège de France. Entre

---

5. Cf. por exemplo, Sylvain Zac, *Salomon Maïmon: Critique de Kant*, Paris, Cerf, 1988.

seus estudos, Munk descobriu que Avicebron, autor do tratado filosófico *Fons vitae*, era ninguém mais que o poeta de Córdoba do século XI, Salomão Ibn Gabirol.

No entanto, o coroamento da obra de Munk foi a prodigiosa tradução-edição crítica do *Guia dos perplexos*, estabelecida a partir dos manuscritos originais em árabe (levando em consideração, ao mesmo tempo, duas traduções hebraicas de Samuel Ibn Tibbon e de al-Harizi). Cada uma das três partes de sua tradução foi acompanhada por um "Prefácio", assim como por um exaustivo aparato de anotações. Até nossos dias, essa incrível obra (não esqueçamos que, executado a partir de manuscritos, esse trabalho foi empreendido por um cego!) usufrui de uma autoridade mundial e serviu de referência a todas as traduções feitas em outras línguas; aliás, ela é a única existente em francês.[6]

3. Os comentadores contemporâneos

No decorrer do século XX, Maimônides continuou a usufruir do interesse dos pensadores judeus e dos estudiosos do pensamento medieval. O número crescente de colóquios científicos promovidos para estudar sua obra e suas concepções leva-nos a deduzir que, possivelmente, o homem moderno esteja encontrando um eco a seu desassossego na aflição experimentada pelo homem medieval para quem o "médico de Córdoba" havia dirigido um discurso que, segundo parece, está resistindo à usura do tempo.

O filósofo neokantiano Hermann Cohen, fundador da Escola de Marburg, consagrou-lhe um longo estudo intitulado *Característica da ética de Maimônides*.

---

6. Uma recente reedição foi amputada, escandalosamente, de seu aparato crítico.

Entre os principais especialistas de Maimônides no século XX, contentar-nos-emos em citar três nomes: Leo Strauss, Shlomo Pinès e Yeshayahou Leibowitz.[7]

3.1. Leo Strauss (1899-1973)

Nascido na Alemanha, com a ascensão do nazismo, refugiou-se nos EUA, onde se tornou professor de Ciências Políticas na Universidade de Chicago. Além da filosofia, seus trabalhos incidiram sobre a história. Mostrou um particular interesse pela adaptação da filosofia grega pelos pensadores judeus e muçulmanos da Idade Média; daí sua admiração por Maimônides e seu *Guia* que, às vezes, é designado por L. Strauss como "jardim das delícias".

No pensamento de Strauss existem duas idéias relacionadas, de forma particular, a este nosso estudo. Em primeiro lugar, sua tese sobre a existência de um incessante e intransigente confronto entre Atenas e Jerusalém, entre o mundo da dúvida filosófica e o da Revelação; em todos os seus textos ele procurou colocar em evidência essa dupla polaridade na história do pensamento.

Desenvolvida em sua obra *Persecution and the Art of Writing* [*Perseguição e a arte de escrever*], a segunda idéia refere-se ao "escrito nas entrelinhas" e à necessidade daí decorrente de lê-las; eis o método que ele aplicou em seu estudo de Maimônides.[8] Este, de fato, para evitar ser alvo de violenta crítica, foi obrigado a dissimular incessantemente seu verdadeiro pensamento, mas deixando-o transparente ao leitor sagaz; assim, Strauss fez o levantamento das figuras retóricas que permitiram a Maimônides atingir seu objetivo.

---

7. Conviria acrescentar o nome de Isadore Twerski (1930-1997), autor de uma importante tese sobre o *Mishné Torá*. Cf. neste livro, cap. 2.
8. Leo Strauss, *Maïmonide*, Paris, PUF, 1988.

Dessa análise, fica-se com a impressão – sem dúvida ampliada – de que Maimônides teria vivido como um marrano *avant la lettre*, em sua própria comunidade, mostrando uma fachada de rabino respeitador de todos os ritos quando, na verdade, se interessava somente pela contemplação filosófica. Dito por outras palavras, ele não teria conseguido conciliar o rabino – ortodoxo por fora, heterodoxo no íntimo – com o filósofo; segundo Strauss, a razão dessa divisão seria política.

A ortodoxia do *Mishné Torá* dirigir-se-ia ao homem comum, cujo aglutinador seria constituído pela observância dos ritos; por sua vez, a heterodoxia estaria orientada para a elite.[9]

3.2. Shlomo Pinès (1908-1990)

Shlomo Pinès, amigo de Leo Strauss, foi o especialista mais erudito do século XX sobre a filosofia medieval, em particular sobre a filosofia e a teologia muçulmanas (tema de sua tese). No âmbito de sua vasta erudição, um espaço predileto foi reservado aos estudos maimonidianos, com a produção de trabalhos considerados entre os mais importantes sobre a questão, em especial sobre as fontes filosóficas do *Guia*.

Nascido em Paris, depois de estadas na Alemanha e Inglaterra, Pinès voltou à capital francesa onde foi professor no Institut d'Histoire des Sciences et des Techniques, entre 1937 e 1939. Em seguida, deixou a França na época da ocupação nazista para se instalar na Palestina em 1940; alguns anos depois, tornou-se professor de Filosofia Geral e Judaica na Universidade de Jerusalém.

---

9. Apesar de franco admirador da erudição de Leo Strauss, Y. Leibowitz rejeitava essa idéia.

Em sua opinião, Maimônides não era um pensador judeu "influenciado" pelo aristotelismo e pelo Islã, mas um autor que fazia parte do peripatetismo medieval; superada qualquer dúvida relativamente à dimensão judaica de sua obra, esta não deve ser colocada como ponto de partida para a abordagem de seu pensamento, mas como difícil objeto de pesquisa.

Shlomo Pinès demonstrou, também, os profundos vínculos que ligavam o pensamento de Espinosa ao de Maimônides[10]; é, igualmente, autor de uma nova tradução para o inglês do *Guia*, precedida por seu ensaio sobre as fontes da obra – tradução que, atualmente, constitui uma referência capital.*

3.3. *Yeshayahou Leibowitz (1901-1994)*

Yeshayahou Leibowitz representa o excelente exemplo da capacidade do pensamento de Maimônides para atravessar os séculos conservando sua atualidade. Para Leibowitz, esse conjunto de idéias não é simplesmente um objeto de estudo erudito (como para Pinès), nem o suporte de uma interrogação filosófica (como para Strauss), mas um verdadeiro quadro de reflexão e de vida no qual pode se desenvolver uma existência inteira, com suas múltiplas e ricas facetas.

Leibowitz foi, em primeiro lugar, um cientista que ensinou bioquímica do sistema nervoso na Faculdade de Medicina de Jerusalém; ao mesmo tempo, era animado por uma verdadeira paixão pela reflexão filosófica e teológica em suas dimensões concomitantemente epistemológicas e

---

10. Shlomo Pinès, *La liberté de philosopher. De Maïmonide à Spinoza*, Paris, Desclée de Brouwer, 1997.
* Maimonides. *The Guide of the Perplexed*. 2 v., trad. de Shlomo Pinès, introd. de Leo Strauss, Chicago, University of Chicago Press, 1974. (N. T.)

éticas. Depois de sua aposentadoria, aos 65 anos, ocupou a cátedra de filosofia na mesma universidade.

Nascido em Riga (Letônia) e tendo estudado química, medicina, teologia rabínica e filosofia na Alemanha e na Suíça, Leibowitz instalou-se em Jerusalém para viver seu ideal sionista – ideal, no entanto, original, em ruptura com todas as outras correntes de pensamento do sionismo; homem de grande piedade, reivindicou de forma vigorosa o princípio da laicidade do Estado "judeu", ou seja, a clara separação entre política e religião.

Judeu ortodoxo, desferiu ataques de rara violência contra as diferentes correntes do judaísmo que proclamavam uma ortodoxia que não é senão um integrismo; identificando-se com as teses feministas, defendeu o acesso das mulheres a uma total igualdade religiosa como condição de sobrevivência do judaísmo. Por último, e sobretudo depois da Guerra dos Seis Dias (1967), liderou aqueles que pensavam que a única saída para o problema árabe-judeu passava necessariamente pela criação de um Estado palestino independente; com a idade de noventa anos, não hesitava em participar de passeatas e incitar os jovens soldados à recusa do serviço militar por motivos de consciência. E, até seus últimos dias, manteve a atividade de reflexão e ensino.

Ora, a referência constante dessas múltiplas ocupações (sem omitir seu importante papel na direção e redação da *Enciclopédia Hebraica*) foi precisamente o pensamento e a fé de Maimônides, evocados em cada uma de suas conferências e de seus livros.

Leibowitz foi essencialmente um homem da palavra falada e do ensinamento oral; ministrou um número incalculável de cursos e conferências. Dotado de uma multiforme curiosidade que o impeliu a interessar-se por todos os saberes e pela ação política, não reservou tempo, infelizmente, para redigir a obra-mestra que haveria de sintetizar os grandes eixos de seu pensamento; todavia, alguns de seus artigos ou cursos universitários foram transcritos e publicados.[11]

Apesar de reconhecer, em companhia de Leo Strauss, que Maimônides foi obrigado a camuflar algumas de suas idéias (por exemplo, no que diz respeito à "criação do mundo" ou à "ressurreição dos mortos"), Leibowitz defendeu que, por ser um homem de grande coerência de pensamento, o filósofo-teólogo medieval não poderia servir-se de uma espécie de dupla doutrina: uma para uso da multidão, outra para a elite. Quanto aos *mitzvot* (mandamentos) – segundo Leibowitz, pura criação humana –, estes constituem a expressão escolhida pela comunidade dos fiéis, no interior de um sistema *axiomático* coerente, para expressar sua fé, assim como colocar em prática o serviço e o amor de Deus.

A divisão que porventura pudesse existir não se encontra no nível identificado por Leo Strauss, mas pelo fato de que o homem da elite concebe Deus diferentemente do homem comum. O primeiro tem uma concepção "teocêntrica" da fé: o homem está a serviço de Deus, não esperando nenhuma retribuição. Por sua vez, o homem comum é animado por uma concepção "antropocêntrica": é Deus quem está a serviço dos homens; ele intervém em sua existência para recompensá-los ou castigá-los.

Leibowitz imputou também a Maimônides a idéia fundamental – que anuncia a modernidade – de um corte radical entre a *razão* e a *fé*, pelo fato de pertencerem a duas ordens – a da ciência e a dos valores – entre as quais não existe nenhum ponto de convergência e, ainda menos, de interseção.

---

11. Em tradução francesa, assinalemos os seguintes títulos: *Judaïsme, peuple juif et État d'Israël*, Paris, J.-C. Lattès, 1985; *La foi de Maïmonide*, Paris, Le Cerf, 1992; *Israël et Judaïsme, ma part de vérité*, Paris, DDB, 1996; *Sciences et valeurs*, Paris, DDB, 1997.

Evidentemente, a releitura leibowitziana de Maimônides foi influenciada pela releitura de autores que viveram em época posterior a este – por exemplo, Kant, Popper, Poincaré e Wittgenstein. Não deixa de ser surpreendente o fato de que, em vez de tornarem ultrapassado o pensamento do mestre medieval, tais pensadores lançaram uma nova luz sobre a obra de Maimônides.

A maior parte dos autores medievais (apenas com notáveis exceções) acabaram fazendo parte da arqueologia de nosso saber e do campo da erudição especializada; Maimônides, ao contrário, continua sendo uma presença viva na reflexão dos homens de nosso tempo.

7
Atualidade de Maimônides

O interesse dos estudiosos de nossa época por Maimônides – filósofo e teólogo medieval cujas preocupações poderiam parecer-nos ultrapassadas – merece ser analisado.

Em uma primeira abordagem, tem-se a impressão de que esta onda acompanha o movimento que há alguns anos – em particular nos círculos "ilustrados" do Islã – está enaltecendo outra figura: Averróis. Por um curioso acaso, esse pensador muçulmano nasceu na mesma época e na mesma cidade de Córdoba, tendo desenvolvido uma reflexão, em muitos aspectos, bastante semelhante à de Maimônides. Há quem pretenda adivinhar, por trás desse interesse, uma busca e a esperança de encontrar remédio contra a ameaça do integrismo e totalitarismo religiosos, levando o combate para o próprio terreno do inimigo, ou seja, o campo religioso. A similitude entre as duas trajetórias – a de Averróis e a de Maimônides – é tanto mais surpreendente quando, segundo os dados cronológicos, não teria ocorrido uma influência recíproca. No entanto, os dois autores constituem o coroamento da evolução das idéias que, há várias gerações, havia sido empreendida naquele espaço geográfico e, por isso mesmo, talvez lhes tenha conferido essa estranha semelhança; aliás, já observamos que sua posteridade foi incluída no que, às vezes, é designado por "averroísmo-maimonidianismo".

A figura de Maimônides traz em si, incontestavelmente, uma forte carga simbólica que diz respeito ao homem de nosso tempo, confrontado a tragédias que evocam, às vezes, aquelas que devastaram a bela Andaluzia do século XII. Eis um homem de grande fé, fiel a seu povo e à sua cultura que, concomitantemente, condenou qualquer tipo de fanatismo, chauvinismo ou nacionalismo (em particular religioso); e, apesar dos sofrimentos que lhe foram infligidos em nome do Islã, reconheceu que seus únicos mestres de filosofia haviam sido muçulmanos, para quem a verdade, até mesma proferida por um inimigo, continua sendo verdade. Essa atitude não será uma bela lição de tolerância?

No entanto, tal simbolismo haveria de transformar-se, bem depressa, em uma imagem sem relevo, se o interesse não estivesse respaldado em outros elementos.

Em primeiro lugar, o eflúvio emanado do enigma contido no próprio nome de Maimônides: seria ele um *Janus bifrons*, um homem com dupla posição intelectual – uma pública, e outra secreta –, ameaçado antes de conhecer a efetiva perseguição dos correligionários, censurado e, paradoxalmente, reconhecido por seus próprios censores como o maior pensador judeu de todos os tempos? Eis também um médico que, sem nunca ter aceitado tornar-se cortesão, freqüenta príncipes com seus insignificantes segredos, suas flatulências e sua covardia diante da morte; um homem cheio de coragem, mas que aceita a conversão em lugar da morte, para imobilizar, em seguida, o tirano convencido de que havia conquistado uma alma. Com toda a evidência, a sua nunca esteve à venda e, em vez de aceitar o doce conforto que lhe era proposto pelo *establishment* judeu de Bagdá e, sem dúvida, pelos príncipes árabes tratados por ele, preferiu, literalmente, comprometer a saúde com seu labor para garantir a subsistência dos familiares. E essa existência permeada por cruéis provações e repleta de tanto trabalho não chegou a extinguir sua curiosidade, aparentemente sem limites, que o levou a adquirir um saber enciclopédico.

Toda essa energia pode, de fato, impressionar. No entanto, a permanência de Maimônides vem de alhures: simplesmente de sua obra. Inicialmente, da audácia de seu "gesto" inaugural: afirmar o valor, a força e a universalidade da Razão contra o sobrenatural, a magia, as alucinações e todas as escapatórias da imaginação; em seguida, a excelência de tudo o que escreveu. Basta ler seu luminoso livro de juventude, o *Tratado de lógica*, ou o mais insignificante de seus textos na área da medicina, para encontrar sempre uma substancial lição que continua desafiando os séculos.

No pensamento de Maimônides existe uma dimensão heróica, uma "familiaridade" com os limites do que a inteligência pode conceber a propósito das verdades últimas, ao mesmo tempo que uma vigilante prudência para não se deixar desencaminhar em ilusórias transposições – prudência particularmente manifesta em relação aos escritos esotéricos judeus. Na primeira linha de tais limites, existe a parasitação obsessiva do pensamento pela imagem narcísica do *próprio corpo*; há também a tendência do homem para misturar campos bem distintos, tais como o dos valores (em particular religiosos) com o do saber, que transforma o intelecto em poder teocrático.

Por uma série de distinções e cortes, Maimônides liberou a via do saber que, alguns séculos depois, transformou-se na ciência moderna; e, ao mesmo tempo, abriu outra via e devolveu a verdadeira dignidade a outra aventura humana, a fé em um Deus incognoscível.

Se tivéssemos de resumir, em uma frase, o projeto maimonidiano no que diretamente nos diz respeito, tomaríamos emprestado – por que não? – este julgamento de Freud que, em seu livro *Por que a guerra?*, definia desta forma a ambição da psicanálise – ambição que, legitimamente, pertence à herança maimonidiana: o afeto, as pulsões, o sentimento passional – ou seja lá qual for o termo ou a expressão – devem sempre permanecer controlados pelo poder da Razão; inclusive, e sobretudo, se tal afeto tiver uma conotação religiosa.

Bibliografia

Obras de Maimônides em francês

Le livre de la connaissance. Trad. de Valentin Nikiprowetzky e André Zaoui. Paris: PUF, 1961.

Le traité de logique. Trad. de Rémi Brague. Paris: Desclée de Brouwer, 1996.

Épitres. Trad. de Jean de Hulster. Paris: Verdier, 1983.

Le guide des égarés. Trad., notas e comentários de Salomon Munk. Paris: Maisonneuve et Larose (1866); reeditado em 1981.

Le livre des commandements. Trad. e notas de Anne-Marie Geller. Paris: L'Âge d'Homme, 1987.

Estudos sobre Maimônides em francês

IDEL, Moshe. *Maïmonide et la mystique juive.* Paris: Le Cerf, 1991.

HAYOUIN, Maurice-Ruben. *Maïmonide.* Paris: PUF, 1987. (Que sais-je?)

LEIBOWITZ, Yeshayahou. *La foi de Maïmonide.* Trad. de David Banon. Paris: Le Cerf, 1992.

_____. *Science et valeurs.* Trad. de Gérard Haddad. Paris: Desclée de Brouwer, 1997.

PINÈS, Shlomo. *La liberté de philosopher. De Maïmonide à Spinoza*. Trad. de Rémi Brague. Paris: Desclée de Brouwer, 1997.

STRAUSS, Leo. *Maïmonide*. Org. e trad. do inglês por Rémi Brague. Paris: Desclée de Brouwer, 1988.

Obras de Maimônides em português

MAIMÔNIDES. *Mishné Torá: o livro da sabedoria*. Trad. Rabino Yaacov I. Blumenfeld. Rio de Janeiro: Imago, 1992.

MAIMÔNIDES. *Comentários da Mishná*. Trad. Alice Frank. São Paulo: Maayanot, 1993.

MAIMÔNIDES. *Epístolas*. Trad. Alice Frank. São Paulo: Maayanot, 1993.

MAIMÔNIDES. *Os oito capítulos*. Trad. Alice Frank. São Paulo: Maayanot, 1993.

MAIMÔNIDES. *Tratado sobre a ressurreição*. Trad. Alice Frank. São Paulo: Maayanot, 1993.

MAIMÔNIDES. *A Epístola do Iêmen*. Trad. Alice Frank. São Paulo: Maayanot, 1998.

Estudos sobre Maimônides de autores brasileiros

FALBEL, Nachman. Aristotelismo e a polêmica maimonidiana. In: *Leopoldianum*, vol. XI, n. 32, dez.1984, p. 59-70.

_____. Maimônides e o messianismo judaico medieval. In: Sociedade Brasileira de Pesquisa Histórica(SBPH). *Anais da IV Reunião*. São Paulo, 1985, p. 153-8.

KAPLAN, A. *Princípios de Maimônides: os fundamentos da fé judaica*. São Paulo: Colel Torá Temimá do Brasil, 1992.

SOARES, M. A. Neves. *Astrologia versus astronomia no século XII: a posição maimonidiana*. Assis: Universidade Estadual Paulista, Faculdade de Ciências e Letras, 1995. (Dissertação de Mestrado em História.)

SOUSA, Francisco B. Moshê bem Maimon e a formação do pensamento de Tomás de Aquino. In: BONI, L. A. e STEIN, E. (Org.). *Dialética e Liberdade*, Petrópolis: Vozes, 1993, p. 117-30.

VERZA, Tadeu Mazzola. *A doutrina dos atributos divinos no Guia dos perpelexos de Maimônides.* Porto Alegre: EDIPUCRS, 1999.

ESTE LIVRO FOI COMPOSTO EM SABON
CORPO 10,7 POR 13,5 E IMPRESSO SOBRE
PAPEL OFF-SET 90 g/m² NAS OFICINAS DA
BARTIRA GRÁFICA, SÃO BERNARDO DO
CAMPO-SP, EM OUTUBRO DE 2003